DIE INSPIRIERTE WAHL

Chroniken der Transformation
Jenseits aller Vorstellung

Band 1

Caroline Biesalski

Die Inspirierte Wahl

Chroniken der Transformation

Jenseits aller Vorstellung

Caroline Biesalski

Mit einem Vorwort von Brian Proctor

Bibliografische Information der Deutschen Nationalbibliothek:
Die Deutsche Nationalbibliothek verzeichnet diese Publikation
in der Deutschen Nationalbibliografie; detaillierte
bibliografische Daten sind im Internet über http://dnb.dnb.de
abrufbar.

Verlag: BoD · Books on Demand GmbH, In de Tarpen 42,
22848 Norderstedt, bod@bod.de

Druck: Libri Plureos GmbH, Friedensallee 273, 22763 Hamburg

ISBN: 978-3-7693-3814-0

INHALTSVERZEICHNIS

VORWORT VON BRIAN PROCTOR

Es ist mir eine große Freude, das Vorwort für „Die Inspirierte Wahl: Chroniken der Transformation Jenseits aller Vorstellung" zu schreiben. Dieses Buch von Caroline Biesalski ist nicht nur ein Leitfaden – es ist eine herzliche Einladung, dein volles Potenzial zu entfalten, deine innere Größe anzuerkennen und dir ein Leben voller Sinn und Erfüllung zu erschaffen. Die Lektüre, erinnert mich an die zeitlosen Lektionen meines Vaters, Bob Proctor, die er der Welt mitgeteilt hat. Er sprach oft von der Macht der Wahl und der Verantwortung, die wir haben, unsere Zukunft aktiv zu gestalten. Caroline verkörpert diese Philosophie auf wundervolle Weise. Sie verwebt persönliche Geschichten, tiefgründige Einsichten und umsetzbare Strategien zu einem inspirierenden Gesamtwerk. Sie erinnert uns daran, dass jede Wahl, die wir treffen, ein Schritt in Richtung des Lebens ist, das für uns bestimmt ist. Carolines Leidenschaft, anderen Menschen zu helfen, durchzieht jede Seite dieses Buches. Ihre einzigartige Fähigkeit, eine tiefgehende Verbindung zu Menschen aufzubauen und sie auf dem Weg zu ihrem wahren Potenzial zu begleiten, wird in den transformierenden Prinzipien dieses Buches deutlich. Sie nimmt ihre Leserschaft mit auf eine Reise – nicht nur durch ihre eigenen Erfahrungen, sondern auch durch universelle Wahrheiten, die uns alle dazu befähigen, Begrenzungen zu überwinden und inspirierte Entscheidungen zu treffen. Carolines Worte sind mehr als bloße Gedanken – sie sind Auslöser für tiefgehende Veränderungen. Sie zeigt auf eindrucksvolle Weise, dass das Geheimnis des Erfolgs nicht in äußeren Umständen liegt, sondern in den inspirierten Entscheidungen, die wir Tag für Tag treffen. Lass dich von diesem Buch inspirieren, deine Vorstellungskraft entfachen, deine Ambitionen zu nähren und dein Leben bewusst zu gestalten. Caroline hat hier etwas Außergewöhnliches geschaffen, und ich bin mir sicher, dass es einen bleibenden Einfluss auf deine eigene Reise haben wird. Mit Dankbarkeit und Inspiration,

Brian Proctor

INSPIRIERT

Im Anfang war das Wort, und das Wort war bei Gott, und Gott war das Wort. Dasselbe war im Anfang bei Gott. Alle Dinge sind durch dasselbe gemacht, und ohne dasselbe ist nichts gemacht, was gemacht ist. In ihm war das Leben, und das Leben war das Licht der Menschen. -Johannes 1:1-4, LUT 2017

Ersetze das Wort "dasselbe" durch „die Vorstellungskraft". Lies es nochmal.

„Die Vorstellungskraft ist der Anfang jeglicher Schöpfung." Napoleon Hill

"Gott hat dir die Vorstellungskraft aus einem bestimmten Grund gegeben: damit du sie nutzt!" Troy R Chadwick

DIE WAHL

Wie Bashar sagt: „Alles ist im Grunde bedeutungslos." Es ist dein freier Wille, die Bedeutung zu wählen – und genau darin liegt deine Kraft und Klarheit, wenn du diese Macht weise einsetzt. Ohne Dualität gäbe es keine Wahl; alles wäre einfach nur „da". Du hast die Macht, Dingen eine Bedeutung zu geben, und diese Bedeutung formt deine Erfahrung. Für Gott bist du von unschätzbarem Wert. Er gab dir die Fähigkeit, Bedeutung zu erschaffen, damit du diese weitergeben kannst – an alles und jeden, dem du begegnest. Bist du achtsam mit deinen Gedanken, Worten und Taten? Sie formen die Entscheidungen, die du heute triffst – und letztendlich das Leben, das du dir erschaffst.

HEUTE

Welche bewusste Entscheidung wirst du heute treffen, um dich selbst zu inspirieren und zu einer besseren Welt für die gesamte Menschheit beizutragen?

1. DIE REISE BEGINNT

Schon als Kind war ich fasziniert von der Magie des Radios. Wenn mich jemand fragte, was ich einmal werden möchte, war meine Antwort einfach: „Eines Tages will ich meine eigene Radiosendung haben." Dieser Traum wurde Ende der 1980er-Jahre entfacht, als ich meinen ersten Kassettenrekorder kaufte. Ich liebte es, Ausschnitte aus Radiosendungen aufzunehmen, eigene Playlists zu erstellen und mir vorzustellen, wie ich als Moderatorin meine Lieblingsmusik spiele und spannende Gäste interviewe.

Doch obwohl ich diesen Traum so sehr liebte, wagte ich es nie, ihn wirklich zu verfolgen. Begriffe wie „schüchtern" und „introvertiert" hielten mich zurück. Ich akzeptierte diese Definitionen meiner selbst und verhielt mich entsprechend. In der Schule schien es mir unmöglich, mich zu Wort zu melden. Auch später hatte ich große Angst vor Ablehnung und Kritik. Diese soziale Angst führte dazu, dass ich Menschen, Veranstaltungen und Chancen mied. Ich überzeugte mich selbst davon, dass ich weder erwünscht noch eingeladen sei.

Doch tief in mir wusste ich, dass da mehr war. Unter den selbst auferlegten Begrenzungen träumte ich davon, Journalistin, Interviewerin oder sogar Schriftstellerin zu werden. Meine Liebe zum Geschichtenerzählen und zu authentischen Verbindungen mit anderen Menschen verschwand nie wirklich.

2007, mit dem Aufkommen der Podcasts, war ich sofort begeistert. Ich trug meinen kleinen silbernen iPod überall mit mir herum und hörte den ganzen Tag Podcasts. Das Format inspirierte mich tief, doch ich glaubte immer noch nicht daran, selbst etwas Eigenes erschaffen zu können. Stattdessen schlug ich einen anderen Weg ein: Ich machte Karriere in der Buchhaltung, gründete meine eigene Firma und führte ein Team mit sechs Mitarbeitenden. Trotz dieses Erfolges blieb mein Traum, etwas Sinnstiftendes zu erschaffen.

Im Jahr 2023 machte ich eine transformative Reise – einen Roadtrip von Los Angeles nach Colorado Springs und zurück. Es war eine mutige Reise, die mich dazu brachte, intensiv über meinen weiteren Weg nachzudenken. In der Nacht des 12. Dezember 2023 wachte ich um 3 Uhr morgens auf, mit einem einzigen Wort im Kopf: Podcast. Ich wusste in diesem Moment mit absoluter Klarheit, dass jetzt der Zeitpunkt gekommen war, um loszulegen.

Noch am selben Tag nahm ich meine erste Episode auf. Der Prozess war sowohl aufregend als auch beängstigend. Mein Plan war es, zwischen Solo-Episoden und Interviews zu wechseln. Doch Zweifel kamen auf: Würden Leute überhaupt zusagen, in meinem Podcast aufzutreten? Würde ich es schaffen, meine Angst vor Ablehnung zu überwinden? Ich erinnerte mich daran: Wenn ich nie frage, ist die Antwort immer nein. Also wagte ich den Schritt – und zu meiner Überraschung sagte jede angefragte Person ja.

So wurde Inspired Choice Today geboren. Geleitet von meiner Intuition vertraute ich darauf, dass Podcasting der richtige Schritt für mich war. Am 12. Dezember 2023 in San Diego gestartet, nahm mein Weg schnell Fahrt auf. Während ich diese Zeilen schreibe, habe ich in nur elf Monaten fast 530 Episoden aufgenommen.

Diese Reise ist mehr als nur eine persönliche Erfolgsgeschichte – sie ist ein Beweis für die Kraft von Handlung und Intuition. Ich möchte diese Geschichte mit dir teilen, um zu zeigen: Wenn ich es schaffen kann, kannst du es auch. Egal, ob du davon träumst, einen Podcast zu starten, ein Buch zu schreiben oder einer Leidenschaft nachzugehen – ich hoffe, dieses Buch inspiriert dich dazu, den ersten Schritt zu machen.

Lass uns diese Reise gemeinsam beginnen. Denk daran: Jeder große Erfolg beginnt mit einer einzigen inspirierten Entscheidung.

2. VORBEREITUNG DER BÜHNE

Mit einem externen Mikrofon, meinem Laptop und BeeKonnected als Aufnahmeplattform hatte ich alles, was ich brauchte, um loszulegen. Der Schlüssel lag darin, alle Ausreden aus dem Weg zu räumen. Die Technik sollte mich nicht aufhalten. Die wahre Herausforderung war es, mich auf die Reise einzulassen und darauf zu vertrauen, dass ich es schaffen kann.

Der erste Schritt war, eine feste Entscheidung zu treffen. Ich versprach mir selbst, mindestens 50 Episoden aufzunehmen – egal was passiert. Dieses Mindset gab mir einen klaren Fokus und ließ mir keine Möglichkeit, aufzugeben. Ich kontaktierte mein Netzwerk und lud alle als Gäste ein – als eine Form der Danksagung für ein erfolgreiches Jahr 2023. Zu meiner Überraschung sagten alle zu – bis auf eine Ausnahme.

Ursprünglich plante ich, zwischen Solo-Episoden und Interviews abzuwechseln. Doch die Begeisterung meiner Gäste änderte schnell den Fokus. Interviews wurden zum Rückgrat des Podcasts, während Solo-Episoden zu seltenen Momenten der Reflexion und Jubiläumsfolgen wurden.

Dieser Wandel erlaubte es mir, meine Gäste in den Mittelpunkt zu stellen – ihre Geschichten, ihr Fachwissen und ihre Weisheit wurden zum Herzstück der Show. Trotz meiner introvertierten Natur stellte ich fest, dass es mir große Freude und Erfüllung brachte, anderen Raum zu geben, ihre Geschichten zu teilen.

Einen Podcast zu starten erfordert keine teure Ausrüstung oder komplizierte Software. Hier ist, was ich verwendet habe:

- Ein **externes Mikrofon**: Klare Audioqualität ist essenziell für einen professionellen Eindruck.
- Ein **Computer oder Mobiltelefon**: Beides funktioniert perfekt für Aufnahmen.
- **BeeKonnected**: Eine kostenlose, vielseitige Plattform für

Aufnahmen und Interviews.

• **Calendly-App**: Unverzichtbar für die Terminplanung von Interviews und zur Organisation.

• **ChatGPT**: Ein hilfreiches Tool zum Erstellen und Bearbeiten von Gast-Biografien und Interview-Fragen.

Zu Beginn bat ich meine Gäste, sich selbst vorzustellen. Später verfeinerte ich diesen Ansatz, indem ich ihre Biographien im Voraus vorbereitete, um ihre Expertise hervorzuheben und eine warme, professionelle Atmosphäre für die Show zu schaffen.

Alles an Inspired Choice Today wurde von meiner Intuition geleitet. Von der Auswahl der Gäste bis hin zu den Themen vertraute ich meiner inneren Stimme. Mein Fokus lag darauf, aus meinem Herzen zu sprechen und die Zweifel und Ängste zu überwinden, die mich früher zurückgehalten hatten.

Die Lektion ist einfach: Warte nicht auf Perfektion. Mache den ersten Schritt, egal wie klein er ist. Sprich, als würde niemand zuhören – oder besser noch, sprich, als würdest du deine Gedanken mit dir selbst teilen. Damit wirst du ein Publikum anziehen, das sich mit deinem Weg und deinen Werten identifiziert – Menschen, die nur ein oder zwei Schritte hinter dir sind und von deinen Erfahrungen lernen möchten.

Das Fundament für meinen Podcast zu legen, war mehr als nur eine Frage der Ausrüstung oder Logistik – es ging um Mut, Engagement und Vertrauen. Wenn du einen Traum hast, zögere nicht. Starte dort, wo du bist, nutze das, was du hast, und vertraue dem Prozess. Jede große Reise beginnt mit einem einzigen Schritt.

Und so war die Bühne bereitet. Das Mikrofon war an, die Gäste waren bereit – und mein Traum wurde endlich Wirklichkeit.

3. IN DER AUSDAUER LIEGT DIE KRAFT

Einer meiner Lieblingsabschnitte in "Denke nach und werde reich" von Napoleon Hill ist der über Beharrlichkeit. Beharrlichkeit, erklärt Hill, ist das Fundament des Erfolgs. Ohne sie geben wir oft zu früh auf – bevor die Früchte unserer Arbeit überhaupt eine Chance haben, zu reifen. Für mich war Beharrlichkeit die treibende Kraft hinter Inspired Choice Today.

Einen Podcast zu starten, war ein Sprung ins Ungewisse, doch das Dranbleiben war die wahre Herausforderung. Wie bei jedem neuen Projekt gab es Momente, in denen ich Plateaus erreichte und mich selbst weiterpushen musste. Jeder Fortschritt erforderte, dass ich meine Komfortzone verließ und mich ins Unbekannte wagte. Es war ein ständiger Prozess des Lernens, Anpassens und Wachsens.

Jeder neue Schritt begann mit Mut. Ob es darum ging, potenzielle Gäste anzusprechen oder die technische Seite des Podcastings zu meistern – Beharrlichkeit hielt mich auf Kurs. Ich erkannte schnell, dass Herausforderungen unvermeidlich sind, besonders wenn man Neuland betritt.

Ein Beispiel: Ich stieß auf ganz praktische Hindernisse, wie etwa, dass der Speicherplatz auf meinem Laptop voll war. Die Lösung? Cloud-Speicher. Außerdem musste ich die Angst vor Zurückweisung überwinden. Es war anfangs einschüchternd, Gäste – vor allem hochkarätige – einzuladen. Aber ich lernte, Zurückweisung als "noch nicht" umzudeuten. Ich blieb höflich dran, und oft bekam ich nach ein paar Versuchen ein "Ja".

Flexibilität wurde zu einer weiteren wichtigen Lektion. Manchmal gab es technische Pannen, die Änderungen an Meeting-Links oder Plattformen in letzter Minute erforderten. Gäste verschoben ihre Termine, und ich musste flexibel reagieren. Jede Herausforderung wurde zu einer Gelegenheit, mich anzupassen, zu wachsen und dranzubleiben.

Beharrlichkeit bedeutet mehr als einfach nicht aufzugeben – es geht um Beständigkeit. Ich verpflichtete mich, regelmäßig Episoden aufzunehmen. Anfangs öffnete ich meinen Kalender bis zu 12 Stunden am Tag, fünf Tage die Woche, um Gäste unterzubringen. Mit der Zeit wuchs der Podcast, und ich optimierte meinen Zeitplan: zunächst auf vier Tage pro Woche mit kürzeren Zeitfenstern und jetzt auf zwei Tage mit VIP-Optionen an Wochenenden.

Das erste Jahr Podcasting war ein Bootcamp in Sachen Beharrlichkeit. Ich habe gelernt:

1. Rückschläge flexibel zu handhaben: Technische Pannen und Terminänderungen lehrten mich, ruhig zu bleiben und schnell umzuplanen.
2. Authentische Gespräche wertzuschätzen: Ich vermied Vorab-Gespräche, um die Geschichten meiner Gäste während der Aufnahme natürlich entfalten zu lassen. Das machte die Gespräche authentisch und wirkungsvoll.
3. Träume in die Tat umzusetzen: Ich überwand die Kluft zwischen Wissen und Handeln, indem ich jeden Tag kleine, beständige Schritte machte.

Trotz aller Herausforderungen blieb ich meiner Vision treu. Selbst wenn ich Selbstzweifel verspürte, erinnerte ich mich daran: "Wenn ich frei sein will, muss ich ich selbst sein." Diese Authentizität wurde zum Herzstück meines Podcasts.

Beharrlichkeit gilt nicht nur fürs Podcasting – sie ist der Schlüssel, um jedes Ziel zu erreichen. Fang klein an. Mach den ersten Schritt im Vertrauen darauf, dass sich der Weg entfaltet. Du bist nicht allein – es gibt eine Welt voller Chancen und Menschen, die bereit sind, mit dir zusammenzuarbeiten.

Deine Träume sind es wert. Bleib dran. Sei flexibel. Und vor allem: Hab Spaß. Das ist die Kraft der Beharrlichkeit.

4. INSPIRIERENDE INTERVIEWS: HIGHLIGHT EPISODEN

Jede Reise hat prägende Momente – und meine Podcast-Reise bildet da keine Ausnahme. Unterwegs gab es Episoden, die sich als Meilensteine herauskristallisierten – Gespräche, die einen bleibenden Eindruck bei mir hinterlassen haben und, wie ich hoffe, auch bei euch. Diese Episoden verkörpern den Kern von *Inspired Choice Today*: Verbindung mit außergewöhnlichen Menschen, das Teilen transformierender Einsichten und die Schönheit von Wachstum und Lernen jeden Tag willkommen zu heißen.

Vom aufregenden Moment, meinen allerersten Gast in Episode 4 zu begrüßen, über das Finden meines persönlichen Podcast-Rhythmus in Episode 88, bis hin zu einem lebensverändernden Gespräch in Episode 365 – jede dieser Highlight Episoden markiert einen Wendepunkt auf meiner Reise.

Diese Episoden sind mehr als nur Interviews; sie sind Reflexionen über Beharrlichkeit, Entwicklung und die Kraft bedeutsamer Dialoge. Begleitet mich hinter die Kulissen, um die Geschichten, Lektionen und Inspirationen dieser besonderen Momente zu entdecken, die mein Leben bereichert haben – und hoffentlich auch eures.

Hört euch inspirierende Gespräche im *Inspired Choice Today* Podcast an – verfügbar auf Spotify, Apple Podcasts, Deezer, Audible, Amazon Music und vielen weiteren Streaming-Plattformen. Schaut euch auch die Interviews auf YouTube an und folgt mir, um keins mehr zu verpassen!

Für den einfachsten Zugang besucht die Podcast-Website unter https://www.podcast.inspiredchoice.today/ und sucht nach dem Namen des Gastes. Und verpasst nicht das absolute Highlight: einen KI-gestützten Chat, bei dem ihr den Gästen zu ihrer Expertise Fragen stellen könnt! Viel Spaß dabei!

4.1 Amazing Soul – Mein erstes Interview

Jede Reise beginnt mit einem einzigen Schritt, und für mich war die vierte Episode von *Inspired Choice Today* genau das – ein Sprung ins Unbekannte. Ich hatte die Freude, meinen allerersten Gast willkommen zu heißen, jemanden, mit dem ich zuvor nie gesprochen hatte, bekannt als „Amazing Soul". Allein ihr Name weckte meine Neugier, und die Verbindung, die wir während dieses Interviews aufbauten, hinterließ einen unauslöschlichen Eindruck auf meiner Reise als Podcast-Host.

Das war meine Einführung in die Kunst, das Unbekannte wert zu schätzen, meiner Intuition zu vertrauen und Raum für bedeutsame Dialoge zu schaffen. Amazing Soul brachte eine Energie mit, die sowohl erdend als auch inspirierend war. Sie strahlte Authentizität aus, und ihre Lebensphilosophie – dass das Leben einfach und voller Freude sein sollte – war ansteckend.

Ein besonders tiefgründiger Moment in unserem Gespräch war, als Amazing Soul die Bedeutung des Hier und Jetzt betonte. „Im Jetzt zu sein, präsent zu bleiben und von Moment zu Moment zu navigieren – das inspiriert mich jeden Tag", teilte sie mit. Diese Worte trafen mich tief und erinnerten mich daran, mich im Moment zu verankern und meiner Aufmerksamkeit dem Menschen vor mir voll zu widmen.

Das war nicht nur ein Ratschlag, sondern eine Lebensweise. Sie beschrieb, wie ihr Partner als Spiegel dient und sie inspiriert, im Moment zu bleiben. Es wurde klar, dass Präsenz nicht nur ein Geschenk für uns selbst ist, sondern auch für die Menschen um uns herum.

Als ich sie fragte, wie sie andere inspiriert, war ihre Antwort einfach, aber kraftvoll: durch Authentizität, ohne Entschuldigung. „Ich entscheide mich dafür, jeden Teil von mir zu lieben, ganz egal was ist", sagte sie. „Und ich zeige mich einfach so, wie ich bin." Diese Authentizität war ihr Geschenk an die Welt — eine Botschaft der Selbstakzeptanz und Ermächtigung, die mich, und ich bin sicher, auch unsere Zuhörer und Zuhörerinnen tief berührte.

Ihre Philosophie, das Unbekannte zu umarmen und darauf zu vertrauen, dass sich das Leben so entfalten wird, wie es soll, war eine Offenbarung. Es war eine Erinnerung daran, dass wir keine ausgefeilten Strategien brauchen, um durchs Leben zu navigieren — wir müssen nur uns selbst vertrauen und einen Schritt nach dem anderen gehen.

Ein weiteres Highlight war ihre Betonung der Kraft des Atems. „Einfach atmen", sagte sie und beschrieb es als ein einfaches, aber transformierendes Werkzeug, um sich selbst zu zentrieren. Oft übersehen, erinnert uns das bewusste Atmen an die Einfachheit des Lebens und an die Ressourcen, die wir bereits in uns tragen.

Sie verglich das mit einem Fisch im Wasser, der nicht sieht, dass er von Wasser umgeben ist. Diese Analogie traf einen Nerv — wie oft nehmen wir die Werkzeuge und Gaben, die wir bereits besitzen, als selbstverständlich hin?

Meinen ersten Gast zu empfangen, war ein Meilenstein, aber es brachte auch Herausforderungen mit sich. Ich hatte vorher nie mit ihr gesprochen, und dies war das erste Mal, dass wir außerhalb von Textnachrichten kommunizierten. Es gab Unsicherheiten, aber auch Magie im Unbekannten. Amazing Soul lehrte mich, das Unbekannte mit Neugier und Offenheit willkommen zu heißen.

Diese Episode wurde für mich ebenso zu einem Spiegel, wie sie es für Amazing Soul war. Sie spiegelte meine eigene Fähigkeit wider, im Moment zu sein und dem Prozess zu vertrauen. Sie zeigte mir die Schönheit authentischer Gespräche — unvorbereitet, ungeprobt und zutiefst menschlich.

Im Rückblick wurde mir klar, wie viel ich aus diesem einen Gespräch gelernt habe. Ich habe gelernt, meiner Intuition zu vertrauen, den Kontrollzwang loszulassen und die einfachen Freuden von Verbindung und Präsenz zu feiern. Diese Lektionen leiten mich weiterhin, nicht nur im Podcasting, sondern im Leben.

Diese Episode hat den Ton für alles gesetzt, was folgte. Es war nicht nur ein Interview – es war ein Moment der Ausrichtung, ein Zeugnis für die Kraft inspirierter Entscheidungen. Amazing Soul erinnerte mich, und ich hoffe auch euch, daran, dass der gegenwärtige Moment alles ist, was wir haben. „Das ist es", sagte sie. „Es kommt kein weiterer Moment. Die Magie beginnt sich zu entfalten, wenn du verstehst, dass das hier alles ist."

Ihre Botschaft von Einfachheit, Authentizität und Präsenz trage ich bis heute mit mir. Sie erinnert mich daran, dass jeder Moment, jede Verbindung eine Gelegenheit ist, zu inspirieren und inspiriert zu werden.

Ich werde für immer dankbar sein für dieses Gespräch und die Weisheit, die es in mein Leben gebracht hat. Amazing Soul macht ihrem Namen alle Ehre, und ihre Anwesenheit in meinem Podcast markierte den Beginn einer Reise, die ich immer in Ehren halten werde.

Wie sie sagt: „Sei hier. Jetzt." Lasst uns alle diesen Aufruf annehmen. Atmet tief durch, umarmt das Unbekannte und vertraut darauf, dass sich die Magie des Lebens genau so entfalten wird, wie sie soll.

Staffel 1, Episode 4, On Air seit 13. Dezember 2023
aufgezeichnet 13.12.23, Fayetteville, NC, US/San Diego, CA, US
Kontakt: http://www.themindfckco.com/
Buch "The Truth is: I do not know": https://amzn.to/3CYtdaU

4.2 Troy R Chadwick – Mit Geduld & Ausdauer

In der 88. Episode von Inspired Choice Today hatte ich die Ehre, mit Troy R. Chadwick zu sprechen, einem Mitbegründer von Elevitality und leidenschaftlichem Verfechter von persönlichem Wachstum und Transformation. Was dieses Interview so besonders machte, war nicht nur Troys beeindruckende Weisheit, sondern auch die spürbare Energie, die er in unser Gespräch brachte. Seine tiefgründigen Einblicke in die Kraft von Gedanken, Durchhaltevermögen und Zielstrebigkeit schufen einen Dialog, den ich voller Dankbarkeit mit meinem Publikum teilen durfte.

Als ich Troy fragte, was ihn dazu inspiriert, jeden Morgen früh aufzustehen, war seine Antwort bemerkenswert einfach: Vision. Ohne eine klare Vision, so erklärte er, fehlt den Menschen die nötige Richtung und Dynamik. Für Troy bedeutet ein klares Ziel nicht nur Motivation, aus dem Bett zu steigen, sondern auch, den Tag mit Energie und Entschlossenheit anzugehen. Diese Erkenntnis war eine kraftvolle Erinnerung daran, dass Klarheit über unsere Träume der Treibstoff für Fortschritt ist.

Troys Perspektive auf Vision passt perfekt zu einem meiner Lieblingszitate aus der Bibel: „Ohne Vision geht das Volk zugrunde." Seine Botschaft, sich auf das zu fokussieren, was uns wirklich begeistert und wachsen lässt, berührte mich tief. Sie erinnerte mich daran, wie wichtig es ist, mit unseren eigenen Träumen verbunden zu bleiben und sie als Anker zu nutzen, um Herausforderungen zu meistern.

Einer der erleuchtendsten Momente im Interview war Troys Erklärung darüber, wie Gedanken eine kreative Kraft darstellen. Inspiriert von George Lucas und dem Konzept der „Macht" in Star Wars, sprach Troy darüber, dass Gedanken Energie sind – Magneten, die unsere Realität formen. Diese Idee, dass unsere Gedanken der Ausgangspunkt für alles sind, was wir erleben, gab mir eine neue Perspektive darauf, wie wir unsere Ziele und Herausforderungen angehen können.

Troy erzählte leidenschaftlich von diesen Konzepten und stellte uns sogar ein Buch vor, das George Lucas inspiriert hat: The Land of the Gods von H.P. Blavatsky. Wie Troy erklärte, liegt das Wesen des Star Wars-Universums in den metaphysischen Prinzipien von Gedanken und Schwingung – eine faszinierende Offenbarung, die Storytelling, Spiritualität und persönliche Entwicklung miteinander verbindet.

Seine Philosophie, Menschen ein Lächeln zu schenken, war ebenso simpel wie wirkungsvoll: „Lächle zuerst." „Gleiches zieht Gleiches an", sagte er und erklärte, dass ein ehrliches Lächeln Freude und Verbindung auslösen kann – vorausgesetzt, der andere Mensch ist bereit, es zu empfangen. Diese kleine, aber bedeutende Geste der Positivität spiegelt wider, wie Troy andere inspiriert: indem er die Veränderung verkörpert, die er in der Welt sehen möchte.

Der vielleicht tiefgründigste Teil unseres Gesprächs war Troys Betonung der Bedeutung von Durchhaltevermögen. Er hob hervor, dass das Festhalten an einem Ziel – selbst angesichts von Rückschlägen und Herausforderungen – der Schlüssel zum Erfolg ist. „Halte am Ziel fest, nicht am Plan", riet er und erkannte an, dass sich Wege ändern können, das Ziel jedoch beständig bleibt. Durchhaltevermögen gepaart mit Geduld war ein wiederkehrendes Thema in unserer Diskussion. Troy erklärte, wie diese Qualitäten ihn auf seinem Weg mit Elevitality und seiner übergeordneten Mission, anderen bei ihrer Transformation zu helfen, geleitet haben. Seine Botschaft war klar: Fortschritt entsteht nicht durch Wissen allein, sondern durch Handeln. Wiederholung und konsequente Anwendung sind der Schlüssel, um neue Gewohnheiten zu etablieren und nachhaltige Veränderungen zu schaffen.

Während unseres Gesprächs wurde deutlich, dass Troy nicht nur über persönliches Wachstum spricht – er lebt es. Seine Fähigkeit, komplexe Ideen in umsetzbare Erkenntnisse zu übersetzen, ist ein Beweis für seine Führungsqualitäten. Ob er über die kreative Kraft von Gedanken, die Bedeutung von Vision oder die Prinzipien des Durchhaltevermögens sprach –

seine Worte waren stets von einem tiefen Sinn und einer authentischen Leidenschaft durchdrungen.

Ein besonders denkwürdiger Moment war, als Troy betonte, wie wichtig es ist, selbst ein Vorbild zu sein. „Du kannst niemanden inspirieren, wenn du nicht selbst inspiriert bist", sagte er. Diese Perspektive erinnerte mich an die wellenartige Wirkung persönlicher Transformation – wie unser eigenes Wachstum andere inspiriert und erhebt.

Troys abschließende Worte waren für mich besonders bedeutend. Er würdigte mein Durchhaltevermögen bei der Schaffung und Weiterentwicklung von Inspired Choice Today und sah darin einen Beweis für die Prinzipien, über die wir gesprochen hatten. Diese Episode war nicht nur ein Interview – sie war ein Schritt in Richtung meiner eigenen Vision, eine Manifestation der Ziele, die ich mir gesetzt habe, und der Mission, der ich mich verschrieben habe.

Wie Troy sagte: „Du trägst bereits alles in dir, was du brauchst, um dein Leben zu verändern." Diese Botschaft hoffe ich, dass sie bei jedem Hörer dieser Episode ankommt. Sie erinnert uns daran, dass wir alle in der Lage sind, unsere Träume zu verwirklichen – vorausgesetzt, wir bleiben beharrlich, geduldig und offen für Wachstum.

Dieses Gespräch mit Troy R. Chadwick hat mich inspiriert und motiviert, meine Reise fortzusetzen. Es bekräftigte die Bedeutung von Vision, Gedanken und Durchhaltevermögen – nicht nur als abstrakte Konzepte, sondern als praktische Werkzeuge, um das Leben zu erschaffen, das wir uns wünschen.

Staffel 2, Episode 44, On Air seit 6. Februar 2024
aufgezeichnet 4.2.2024 , La Palma, CA, US / Deutschland
Kontakt: http://www.elevitality.com/
Buch "Manifesting Miracles": https://amzn.to/40FHenj
Kurs "Manifesting Miracles": https://bit.ly/elevitality

4.3 Brian Proctor –Seines Vaters Geheimnis

Während ich über mein Interview mit Brian Proctor in Folge 96 von Inspired Choice Today nachdachte, beeindruckte mich die tiefgründige Einfachheit seiner Botschaft: Lebe jeden Tag als die beste Version deiner selbst. Unser Gespräch war äußerst persönlich und verwob Einblicke aus seinem Buch "My Father Knew the Secret: Growing Up with Bob Proctor" mit seinen Reflexionen über die außergewöhnliche Bindung zu seinem Vater, dem legendären Bob Proctor. Es war ein Gespräch voller Wärme, Weisheit und praktischer Ratschläge für alle, die ein erfüllteres Leben führen möchten.

Brians Mission, wie er sie beschrieb, besteht darin, das Vermächtnis seines Vaters fortzuführen und dabei seine eigene, einzigartige Perspektive einzubringen. Sein Buch handelt nicht nur von Bob Proctor, dem Motivationsredner, den man von Bühnenauftritten oder aus dem Film "The Secret" kennt; es ist ein herzlicher Blick auf Bob als Vater, Freund und als Mann, der seine Prinzipien täglich lebte. Eine Geschichte, die mir besonders im Gedächtnis blieb, war Brians Erinnerung an morgendliche Telefongespräche mit seinem Vater, in denen sie gemeinsam eine einfache, aber tiefgründige Praxis pflegten: Sie sprachen gut über andere hinter deren Rücken. Diese tägliche Gewohnheit, sich auf das Positive zu konzentrieren, stärkte nicht nur ihre Verbindung, sondern verbesserte auch ihre Lebenseinstellung. Es ist eine Praxis, die viel über den Charakter von Bob Proctor aussagt und über die Lektionen, die er seinen Liebsten vermittelte.

Während unseres Gesprächs betonte Brian immer wieder die Bedeutung, ein Ziel zu haben – eine Vision, die dich täglich zum Handeln inspiriert. Für ihn wurde es zur treibenden Kraft, die Lehren seines Vaters weiterzugeben und anderen dabei zu helfen, ihr Potenzial zu erkennen. Es war motivierend zu hören, wie er seinen eigenen Weg navigiert, indem er auf den Prinzipien seines Vaters aufbaut und gleichzeitig seinen eigenen Ansatz verfolgt. Wie Brian es ausdrückte: Keiner von uns muss jemand anderen imitieren; unsere Aufgabe ist es, unser eigenes Licht scheinen zu lassen und unser authentisches Selbst in die Welt zu bringen.

Was mich besonders berührte, war Brians Perspektive auf Beziehungen. Er erzählte, wie die unerschütterliche Unterstützung seines Vaters einen tiefgreifenden Einfluss auf sein Leben hatte, und wie er jetzt danach strebt, dieser Unterstützer für andere zu sein – insbesondere für seine eigenen Kinder. Er erinnerte mich – und hoffentlich auch das Publikum – an die Kraft der Ermutigung und daran, wie wichtig es ist, einen sicheren Raum zu schaffen, in dem sich andere befähigt fühlen, ihre Träume zu verfolgen. Brians Rat, seine tiefsten Wünsche nur mit Menschen zu teilen, denen man vertraut und die einen unterstützen, ist eine Weisheit, die mir sicherlich lange in Erinnerung bleiben wird.

Unser Gespräch berührte auch das Thema, wie man Unbehagen überwindet und ins Unbekannte tritt – eine Lektion, die Brian selbst seit der Veröffentlichung seines Buches verinnerlicht hat. Er gab zu, dass der Einstieg in die Podcast-Welt und das Teilen seiner Geschichte eine Herausforderung außerhalb seiner Komfortzone war – aber eine, die ihm immense Freude und Wachstum gebracht hat. Seine Worte waren eine kraftvolle Erinnerung daran, dass jeder Schritt, den wir in Richtung unserer Ziele unternehmen – egal wie klein –, sich im Laufe der Zeit summiert und zu bemerkenswerter Transformation führt.

Brians Botschaft, jeden Tag als die beste Version seiner selbst zu leben, ist sowohl inspirierend als auch erreichbar. Es erfordert keine Perfektion oder große Gesten; es fordert uns lediglich dazu auf, uns auch in schwierigen Zeiten um kleine, kontinuierliche Verbesserungen zu bemühen. Indem wir uns darauf konzentrieren, was wir kontrollieren können, und als unser bestes Selbst auftreten, verbessern wir nicht nur unser eigenes Leben, sondern schaffen auch eine positive Welle der Möglichkeiten für die Menschen um uns herum.

Während ich unser Gespräch beendete, fühlte ich mich zutiefst dankbar für die Weisheit, die Brian mit mir teilte, und die Erinnerung daran, wie kraftvoll einfache, bewusste Handlungen sein können. Diese Folge inspirierte mich, über meinen eigenen Weg nachzudenken und darüber, wie ich weiterhin sowohl für mich selbst als auch für andere präsent sein kann. Für alle, die dies lesen, hoffe ich, dass ihr denselben Funken Inspiration findet, um noch heute einen kleinen Schritt in Richtung der besten Version eures Selbst zu gehen. Denn genau dort, wie Brian es so schön formulierte, beginnt die Magie.

Staffel 3, Episode 8, On Air seit 14. Februar 2024
aufgezeichnet 29.1.2024 Toronto, Kanada / Deutschland

Kontakt: https://brianproctor.com/
Buch "My Father Knew the Secret": https://amzn.to/4gUXuqb

4.4 Shawnti Refuge – Die Kraft im Tagebuch

Shawnti Refuges Geschichte ist eine Reise der Heilung, Transformation und Selbstermächtigung, die tief berührt. Als ich mit ihr für dieses Gespräch zusammensaß, zog mich ihre Authentizität und ihre bodenständige Energie sofort in ihren Bann. Shawntis Arbeit als zertifizierter Mental Health Coach, Fürsprecherin, Keynote-Speakerin und Autorin spiegelt ihre persönlichen Erfahrungen wider und zeigt ihr tiefes Engagement, anderen dabei zu helfen, ihre mentale und emotionale Gesundheit zu navigieren. Ihre Mission ist einfach und dennoch tiefgründig: Frauen dabei zu unterstützen, Schmerz loszulassen, zu heilen und ihr bestes Leben zu führen – alles durch die transformative Kraft des geführten Tagebuchschreibens.

Als ich Shawnti fragte, was sie jeden Tag dazu inspiriert, aufzustehen, war ihre Antwort wunderbar selbstlos. „Irgendjemand da draußen braucht meine Hilfe", sagte sie mit Überzeugung. Für Shawnti dreht sich ihre Arbeit nicht um sie selbst – sie ist ein Dienst an anderen. Dieses Gefühl von Zweck erfüllt sie täglich und zeigt, wie tief ihre Hingabe daran ist, andere zu stärken.

Im Verlauf unseres Gesprächs teilte Shawnti ihre Gedanken darüber, ihren eigenen Podcast zu starten. Auch wenn sie bisher keinen eigenen Podcast hat, steht die Idee eindeutig auf ihrer Agenda. Auf die Frage, wen sie als Gast einladen würde, gab sie eine kraftvolle Antwort: jeden, der eine Geschichte über das Überwinden emotionaler oder mentaler Herausforderungen zu erzählen hat. Shawnti glaubt an die Bedeutung einer Gemeinschaft, in der Menschen sehen können, dass sie nicht allein sind. Ihre Mission ist es, eine Plattform zu schaffen, auf der persönliche Geschichten andere inspirieren, Hoffnung zu finden und Heilung zu erfahren. Sie teilte auch ihre Sichtweise auf Prominente und betonte dabei ihren Fokus auf Authentizität statt Berühmtheit.

Ihre Offenheit über ihre eigenen Herausforderungen steht im Mittelpunkt dessen, wie sie andere inspiriert. Im Jahr 2018 wurde bei Shawnti schwere Angststörung und Depression diagnostiziert. Sie spricht offen über ihren Weg und beschreibt die rohen und schmerzhaften Momente mit Ehrlichkeit, sodass die Menschen sehen können, wo sie war und wie weit sie gekommen ist. „Ich komme von dort", sagt sie, „und schaut mich jetzt an." Ihre Transparenz und Bereitschaft, ihre Geschichte zu teilen, geben jenen Hoffnung, die gerade kämpfen, und erinnern daran, dass Heilung und Transformation möglich sind.

Shawntis Klienten und ihre Community fühlen sich von ihrer Ehrlichkeit und Bodenständigkeit angezogen. Sie beschreibt sich selbst als ein offenes Buch und scheut sich nicht davor, die Wahrheit zu sagen – auch wenn sie schwer fällt. „Ich bin sehr direkt", gibt sie zu, „aber ich benutze meine Ehrlichkeit niemals absichtlich, um jemanden zu verletzen." Dieser direkte Ansatz hebt sie als Coach und Fürsprecherin hervor. Sie fühlt sich verpflichtet, ihre Klienten zur Verantwortung zu ziehen, während sie ihnen gleichzeitig beibringt, sich ihren Triggern zu stellen und ganzheitlich zu heilen.

Der Wendepunkt in Shawntis Leben kam 2018, als sie ein überwältigendes Gefühl von Dunkelheit verspürte. Dies brachte sie dazu, Hilfe zu suchen – zunächst bei ihrem Hausarzt und schließlich bei einer Therapeutin, die sie in die Kraft des Tagebuchschreibens einführte. Anfangs war sie dieser Idee gegenüber skeptisch, doch bald entdeckte sie, wie transformativ das Schreiben sein kann. Diese Praxis half ihr nicht nur, zu heilen, sondern inspirierte sie auch dazu, ihre eigene Reihe geführter Journals zu kreieren. Jedes Journal ist auf spezifische Themen zugeschnitten und bietet Impulse, Affirmationen und Raum für Reflexion. Heute hat sie 26 geführte Journals veröffentlicht und nutzt sie als Eckpfeiler ihrer Arbeit mit Klienten.

Gegen Ende unseres Gesprächs fragte ich Shawnti, welchen Nutzen die Menschen erhalten, wenn sie mit ihr in Kontakt treten. Ihre Antwort war einfach und dennoch tiefgründig:

„Ich spreche Leben in die Menschen hinein." Shawntis Ziel ist es, sicherzustellen, dass jeder, der mit ihr interagiert, sich besser fühlt, als er gekommen ist. Ob durch ein lockeres Gespräch, eine Coaching-Session oder eine Empfehlung für ein Journal – Shawnti gibt ihre Energie und ihr Mitgefühl, um andere zu stärken.

Ihr Leitsatz ist es, die Person zu sein, die sie selbst in ihren dunkelsten Zeiten gebraucht hätte. Diese Mission treibt ihre Arbeit an und zeigt sich in jedem Aspekt ihres Ansatzes. Shawntis Geschichte ist ein Beweis für die Kraft, sich dem Schmerz zu stellen, Heilung zu umarmen und persönliche Erfahrungen zu nutzen, um anderen zu helfen. Ihre Geschichte erzählt von Resilienz, Authentizität und einem unerschütterlichen Engagement, einen Unterschied zu machen.

Staffel 3, Episode 22, On Air seit 28. Februar 2024

aufgezeichnet 8.2.24 Fresno, TX, US / Deutschland

Kontakt: https://shawntirefugejournals.com/
Buch "Quiet As Kept": https://amzn.to/3OA3Ajd

4.5 Jeffrey Gitomer – Der Verkaufskönig

Episode 111 von Inspired Choice Today war eine lebendige und erkenntnisreiche Unterhaltung mit dem legendären Jeffrey Gitomer, der oft als der "King of Sales" bezeichnet wird. Jeffrey strahlte eine Energie aus, die sich nahtlos in unser Gespräch einfügte und eine Fülle praktischer Einsichten bot, die sowohl verständlich als auch transformativ waren. Von seiner Reise als Autor von 17 Büchern bis hin zu seinem Ansatz, andere zu inspirieren – Jeffrey teilte Lektionen mit uns, die auf Authentizität, Verbindung und der Kraft des Glaubens basieren.

Was mich sofort beeindruckte, war Jeffreys Betonung auf Selbstmotivation. Er erklärte eloquent, dass die Inspiration bei einem selbst beginnen muss, bevor man andere inspirieren kann. Diese Perspektive sprach mich zutiefst an, da sie die Bedeutung persönlicher Ausrichtung unterstreicht, bevor man versucht, die Welt um sich herum zu beeinflussen. Jeffreys Fähigkeit, seine Arbeit mit Leidenschaft und echter Fürsorge für andere zu durchdringen, war während unseres gesamten Gesprächs spürbar.

Wir tauchten tief in seine ikonischen Bücher ein, wie "The Little Red Book of Selling", das weltweit zu einer Bibel für Vertriebsprofis geworden ist. Jeffreys Philosophie des Schreibens, die mit wöchentlichen Kolumnen begann und sich organisch zu seinem ersten Buch entwickelte, ist ein Beweis für die Kraft von konsequentem Handeln. Seine Geschichte erinnert uns daran, dass große Projekte oft ganz natürlich entstehen, wenn sie mit stetiger Hingabe und Liebe zum Prozess angegangen werden.

Auch seine Einsichten in den Verkaufsprozess waren äußerst inspirierend. Er betonte die Bedeutung des Vertrauensaufbaus und des Verstehens anderer durch durchdachte Fragen. Für Jeffrey geht es beim Verkauf nicht nur um Transaktionen; es geht darum, echte Verbindungen aufzubauen. Er erinnerte uns daran, dass Menschen von denen kaufen, denen sie vertrauen und mit denen sie gerne Zeit verbringen – eine Wahrheit, die branchen- und kulturübergreifend gilt.

Eines der beeindruckendsten Elemente unseres Gesprächs war Jeffreys "Leseraum" – ein heiliger Ort, gefüllt mit Büchern und Artefakten, die ihn täglich inspirieren. Dieser 3x3 Meter große Raum, ohne Fenster, aber voller Energie, ist der Ort, an dem er seine kreative Stärke schöpft. Seine Hingabe, sich in eine inspirierende Umgebung zu vertiefen, unterstreicht die Bedeutung, Räume zu schaffen, die unsere Leidenschaften nähren.

Jeffrey teilte auch seine Überzeugung, Inspiration an die jeweilige Kultur und Umgebung anzupassen. Aus seinen Erfahrungen in Berlin schöpfend, bemerkte er, wie kulturelle Nuancen beeinflussen, wie Menschen Humor, Vertrauen und Interaktionen wahrnehmen. Diese Lektion, Inspiration im Kontext anzupassen, ist eine wertvolle Erkenntnis für alle, die in verschiedenen Kulturen arbeiten.

In Bezug auf seine Vertriebscoachings hob Jeffrey die Bedeutung des Lernens durch reale Erfahrungen hervor. Während Bücher und Kurse eine Grundlage bieten können, kommt wahre Meisterschaft durch Beobachtung, Praxis und Verfeinerung im echten Leben. Sein Rat an neue Vertriebler, ihre Arbeit mit ihren Leidenschaften in Einklang zu bringen, war besonders beeindruckend: „Finde etwas, das du liebst, und mach genau das. Sprich aus deinem Herzen, nicht nur aus deinem Kopf."

Als unser Gespräch zu Ende ging, hinterließ Jeffrey eine tiefgründige Erinnerung: „Wenn du Wohlstand aufbauen willst, baue zuerst einen Reichtum an Wissen auf." Seine Überzeugung von der transformierenden Kraft täglichen Lernens und persönlichen Wachstums zog sich wie ein roter Faden durch die Episode. Er sprach auch über die Rolle des Glaubens – nicht nur an sich selbst, sondern auch an die Produkte und Unternehmen, die man repräsentiert – als Eckpfeiler des Erfolgs.

Jeffreys Authentizität, Humor und Großzügigkeit machten dieses Interview zu einem echten Vergnügen. Seine Offenheit, sich mit Zuhörern zu vernetzen – sei es per E-Mail, über seine Website oder durch kommende Initiativen – spiegelt sein Engagement wider, anderen zum Erfolg zu verhelfen. Für alle, die Inspiration, umsetzbare Ratschläge oder einfach einen Energieschub suchen, sind Jeffreys Worte ein Leuchtfeuer. Wie er treffend sagte: „Lerne jeden Tag, und du wirst jeden Tag besser."

Wenn ich über dieses Interview nachdenke, bin ich dankbar für die Einsichten, die Jeffrey geteilt hat, und für die Möglichkeit, von jemandem zu lernen, der seine Botschaft so vollständig verkörpert. Seine abschließende Weisheit, „einen Reichtum an Wissen aufzubauen", war nicht nur inspirierend, sondern auch eine Herausforderung, die ich gerne annehme. Es ist eine Erinnerung daran, weiter zu wachsen, weiter zu lernen und weiter zu teilen – nicht nur für mich selbst, sondern für die Gemeinschaft, die mir so sehr am Herzen liegt.

Staffel 3, Episode 23, On Air seit 29. Februar 2024
aufgezeichnet 21.2.2024, Charlotte, NC, US / Deutschland

Kontakt: https://www.gitomer.com/
Buch "Little Red Book of Selling": https://amzn.to/3PDIIrM

4.6 Nellie Harden – Das 6570 Familien-Projekt

Als ich mit Nellie Harden ins Gespräch kam, war ich sofort von
ihrer Herzlichkeit und Klarheit in ihrer Mission beeindruckt. Als
Family Leadership Coach, die sich darauf spezialisiert hat,
jungen Frauen vor ihrem Auszug aus dem Elternhaus
Selbstwert, Selbstachtung und Selbstvertrauen zu vermitteln,
bringt Nellie einen erfrischend authentischen Ansatz in ein
Thema, das oft schwer greifbar erscheint. Ihre Mission geht
jedoch weit über die Erziehung der nächsten Generation
hinaus; sie unterstützt auch erwachsene Frauen dabei, ihre
eigene Reise zu mehr Selbstwert und persönlicher
Wiederentdeckung zu meistern.

Nellie begann damit, ihre eigene Geschichte zu teilen – eine
Geschichte der Transformation, geprägt von persönlichen
Herausforderungen und unerschütterlicher Entschlossenheit.
Sie sprach von den „6.570 Tagen" – der Gesamtzahl an Tagen
in 18 Jahren – die sie als entscheidenden Zeitraum ansieht,
um das Fundament des Selbstwerts aufzubauen, das ein
Mensch sein ganzes Leben lang trägt. Als junge Frau suchte
sie nach äußerer Bestätigung, da ihr ein stabiles inneres
Fundament fehlte – etwas, das vielen von uns bekannt
vorkommen dürfte. Auszeichnungen, gute Noten, berufliche
Erfolge und Beziehungen wurden für sie zu Platzhaltern für
ihren Selbstwert. Doch all diese äußeren Faktoren hatten
scharfe Kanten, die zu Dramen und Traumata führten, die sie
später im Leben aufarbeiten musste.

Diese Erkenntnis wurde besonders deutlich, als Nellie selbst
Mutter von vier Töchtern wurde. In einem besonders
berührenden Moment befand sie sich mit einem
Neugeborenen, zwei Kleinkindern und einer Vierjährigen in
einem Krankenhauszimmer, während ihr Mann schwer
erkrankte. Als sie ihre Töchter ansah, wusste sie, dass sie
schnell handeln musste, um ihnen die Werkzeuge an die Hand
zu geben, die ihr selbst fehlten. „Jetzt ist die Zeit", sagte sie
sich. „Ich habe nur eine begrenzte Zeit, um dieses Fundament
in euch zu bauen."

Nellie änderte daraufhin ihren Karriereweg – weg von der Arbeit mit Tieren in der Meeresbiologie hin zur weitaus chaotischeren Welt der Menschen. Seit 2010 hilft sie Familien dabei, was sie „inside-out worth" nennt – einen Prozess, der jungen Frauen lehrt, ihren eigenen Wert zu erkennen und sich selbst zu vertrauen, anstatt auf äußere Bestätigung angewiesen zu sein. Ihre Einsichten sind sowohl in ihrer beruflichen Laufbahn als auch in ihren zutiefst persönlichen Erfahrungen verwurzelt.

Als ich Nellie fragte, was sie inspiriert, war ihre Antwort einfach, aber tiefgründig: ihre Töchter. Sie zu beobachten, wie sie sich in der Welt bewegen, und die Herausforderungen zu sehen, denen junge Frauen heute begegnen, treibt sie jeden Tag an. Sie sprach über die Bedeutung, junge Frauen mit dem Bewusstsein auszustatten, jeden Morgen mit einer Absicht aufzuwachen und sich zu fragen: „Wie kann ich heute der Welt dienen?" anstatt darauf zu warten, dass die Welt sie definiert. Es ist eine Botschaft der Selbstermächtigung und Eigenverantwortung, die sie weltweit verbreiten möchte.

Nellie nennt ihren Glauben und die Bibel als ihre wichtigsten Quellen der Orientierung. Außerdem erwähnte sie den Einfluss von Brené Brown, mit der sie 18 Monate zusammenarbeitete. Brenés Arbeit über Verletzlichkeit gab Nellie die Werkzeuge an die Hand, ihre eigenen Traumata zu verarbeiten, und half ihr, Verletzlichkeit als Stärke und nicht als Schwäche zu sehen. „Verletzlichkeit ist ein Schlüsselwerkzeug für selbstdiszipliniertes Leadership", erklärte sie und fügte hinzu, dass wir alle uns selbst führen müssen, auch wenn wir nie andere Menschen führen.

Unser Gespräch nahm eine tiefgründige Wendung, als Nellie über das Gleichgewicht zwischen Gefühlen und Verhalten sprach. „Gefühle dürfen nicht am Steuer sitzen", erklärte sie und betonte, dass kritisches Denken zwischen Gefühlen und Handlungen stehen muss. Dieser nuancierte Ansatz ermöglicht es ihr, Klienten dabei zu helfen, den oft chaotischen Bereich der Emotionen zu navigieren, während sie dennoch Verantwortung für ihr Handeln übernehmen.

Eine von Nellies größten Gaben ist ihre Fähigkeit, sich tief mit anderen zu verbinden – eine Eigenschaft, die sie ihrer Mutter zuschreibt. Schon als Kind beobachtete sie, wie ihre Mutter mit jedem und jeder ins Gespräch kam, und diese Fähigkeit, sich in die Geschichten anderer hineinzuversetzen, wurde zu einem Grundstein von Nellies eigener Arbeit. „Wenn man alles wegnimmt, bleiben uns dieselben menschlichen Emotionen – Freude, Liebe, Scham, Schuld, Glück", sagte sie. „Das ist es, was uns miteinander verbindet."

Mit Blick auf das Jahr 2024 verriet Nellie ein spannendes Ziel: Sie plant, ihr erstes Solo-Buch zu schreiben. Nach mehreren Co-Autorenprojekten und veröffentlichten Tagebüchern ist sie bereit, ihren einzigartigen Ansatz zu Leadership und dem Aufbau von Selbstwert in einem Format festzuhalten, das noch mehr Menschen erreichen kann. Es ist klar, dass sie davon angetrieben wird, anderen zu helfen, ihr Potenzial zu erkennen und ihren eigenen, individuellen Weg zum Erfolg zu finden.

Bevor wir uns verabschiedeten, teilte Nellie ihr Leitmotiv: „Diszipliniere dich selbst, damit andere es nicht tun müssen." Es ist eine Erinnerung daran, dass Selbstführung und Eigenverantwortung der Schlüssel zu einem erfüllten und sinnhaften Leben sind. Für alle, die junge Frauen erziehen oder führen – oder ihren eigenen Selbstwert wiederentdecken wollen – ist Nellie Hardens Arbeit ein Leuchtfeuer der Hoffnung und Transformation.

Staffel 6, Episode 40, On Air seit 29. Juli 2024
aufgezeichnet 20.6.2024, Southport, NC, US / Deutschland

Kontakt: https://www.nellieharden.com/resources

4.7 Suzanne Butler – Die Energie von Feng Shui

Als ich mit Suzanne Butler für diese Episode von Inspired Choice Today zusammensaß, war ich sofort von ihrer warmen Ausstrahlung und ihrem tiefen Verständnis für Feng Shui fasziniert. Suzanne ist eine Praktikerin, die Menschen dabei hilft, durch die Energien ihrer Häuser Balance und Freude in ihrem Leben zu schaffen. Ihre einzigartige Herangehensweise hat bereits unzählige Leben transformiert, und ich war gespannt darauf, tiefer in ihre Welt einzutauchen.

Suzanne begann damit, zu erklären, wie Feng Shui funktioniert. Während das Konzept auf den ersten Blick komplex erscheinen mag, hat sie die Feinheiten so sehr gemeistert, dass es fast magisch wirkt. „Im Grunde nutze ich die Energien in deinem Zuhause, um entweder das Positive zu verstärken oder das Negative zu reduzieren", teilte Suzanne mit. Von der Verbesserung von Beziehungen bis hin zur Lösung finanzieller Schwierigkeiten – ihre Arbeit zielt darauf ab, negative Energien zu erkennen und zu neutralisieren, während positive Energien verstärkt werden. Am meisten beeindruckte mich ihre Aussage: „Man muss nicht einmal daran glauben, damit es funktioniert."

Suzanne erklärte im Detail, dass ihr Prozess nicht unbedingt damit zu tun hat, Möbel umzustellen. Stattdessen geht es darum, die einzigartige Energiemap eines jeden Hauses zu verstehen. Jedes Haus, so erklärte sie, wird von Faktoren wie seiner Ausrichtung, dem Baujahr und sogar Renovierungen beeinflusst. Das bedeutet, dass die energetischen Bedürfnisse jedes Hauses einzigartig sind, selbst wenn es äußerlich identisch mit den Nachbarhäusern aussieht. „Jeder Bereich deines Zuhauses repräsentiert einen Bereich deines Lebens", erläuterte Suzanne. Mithilfe von bestimmten Methoden arbeitet sie mit den Energien des Hauses, um die spezifischen Bedürfnisse seiner Bewohner zu adressieren – oft mit dramatischen Ergebnissen.

Einer der faszinierendsten Punkte, die Suzanne ansprach, war, wie sich Energien im Laufe der Zeit verändern. Sie erzählte die Geschichte einer Klientin, die seit Jahresbeginn unter erheblichen gesundheitlichen und mentalen Herausforderungen litt. Nach einer Analyse stellte Suzanne fest, dass die Energien im Haus der Klientin in einen negativen Zyklus geraten waren, der die bestehenden Probleme verstärkte. Durch gezielte Maßnahmen konnte Suzanne helfen, das Gleichgewicht wiederherzustellen. „Es sind genau diese Transformationen," so Suzanne, „die mich motivieren, meine Arbeit fortzusetzen."

Ihr Weg zur Feng Shui-Praktikerin entstand aus einer Notwendigkeit heraus. Vor zehn Jahren kämpfte Suzanne mit Krankheit, einer toxischen Beziehung und finanzieller Instabilität. Trotz ihrer Bemühungen, diese Probleme auf konventionelle Weise zu lösen, schien nichts zu helfen. Feng Shui wurde zu ihrer letzten Hoffnung – und innerhalb weniger Tage, nachdem sie die Prinzipien angewendet hatte, begann sich ihr Leben zu verändern. Geld floss, die toxische Beziehung endete, und neue Möglichkeiten öffneten sich. „Wenn du es richtig anwendest und dich wirklich bemühst, kannst du innerhalb von Stunden oder Tagen Veränderungen erleben", erklärte sie.

Suzannes Klienten inspirieren sie wiederum. Sie teilte Geschichten von Menschen, die toxische Beziehungen hinter sich ließen, unerwartete finanzielle Gewinne erzielten und neue Stärke fanden, um den Herausforderungen des Lebens zu begegnen. Ihre Herangehensweise ist direkt und zugleich mitfühlend. „Ich beschönige nichts", sagte sie. „Ich sage die Dinge, wie sie sind – aber immer mit Freundlichkeit." Ihre Ehrlichkeit und tiefe Intuition haben sie zu einer vertrauenswürdigen Begleiterin für viele gemacht.

Während unseres Gesprächs betonte Suzanne die Welleneffekte ausgeglichener Häuser. „Wenn jeder ein Zuhause hätte, das das persönliche Wohlbefinden unterstützt, stell dir vor, welche Auswirkungen das hätte", sagte sie. Diese Vision treibt ihr Ziel an, im Jahr 2024 hundert Frauen dabei zu helfen, ein ausgeglichenes Zuhause zu schaffen – und damit indirekt 400 Menschen zu einem freudvolleren und reicheren Leben zu verhelfen. Suzanne ist überzeugt, dass diese Arbeit besonders für Frauen wichtig ist, die oft die Bedürfnisse anderer über ihre eigenen stellen. „Wenn Frauen aufblühen, profitieren alle um sie herum davon", erklärte sie.

Für Suzanne geht die Kraft des Feng Shui über persönliche Transformation hinaus – es geht darum, einen kollektiven Wandel hin zu mehr Positivität und Heilung zu schaffen. Wie sie sagte: „Wenn wir nicht heilen, können wir nicht vorankommen. So einfach ist das."

Suzannes abschließende Botschaft war eine kraftvolle Erinnerung: „Du verdienst mehr als nur gut. Dein Leben mag gut sein, aber warum nicht nach großartig streben? Feng Shui kann dir genau das ermöglichen."

Wenn du mehr über Suzannes Arbeit erfahren möchtest, besuche ihre Website für kostenlose Ressourcen, darunter eine Manifestations-Challenge, ein Home-Energy-Quiz und Masterclasses. Während ich über unser Gespräch nachdachte, konnte ich mich der Inspiration durch Suzannes Leidenschaft und Engagement nicht entziehen – ihr Ziel ist es, die Welt ein Stück besser zu machen, ein Zuhause nach dem anderen.

Staffel 5, Episode 38, On Air seit 10. Juni 2024
aufgezeichnet 6.5.2024 Brisbane, Australia / Deutschland

Kontakt: https://harmonisingenergies.com.au/

4.8 Adedayo Adeniji – Poesie mit Absicht

Als ich mich mit Dayo Adeniji zusammensetzte, fühlte es sich an wie ein Schritt in ein Heiligtum voller Weisheit und Glauben. Dayo, eine spirituelle Dichterin mit einem Herz für bedeutungsvolle Verbindungen, hat die bemerkenswerte Fähigkeit, tiefe Wahrheiten in inspirierende Verse zu verwandeln. Ihre Poesie hinterlässt bleibende Eindrücke und lässt die Leserschaft erleuchtet und berührt zurück.

Dayo begann ihre poetische Reise bereits als Teenager. Geprägt von ihren Lebenserfahrungen, der Weisheit der Bibel und ihrem unerschütterlichen Engagement, andere zu inspirieren, hat sie eine einzigartige Stimme gefunden.

Auf die Frage, was sie täglich inspiriert, war Dayos Antwort von Dankbarkeit und Beobachtung geprägt. „Mich inspiriert die Schöpfung", teilte sie mit. „Das komplexe Design unserer Welt, die Resilienz der Menschen, die Herausforderungen überwinden, und mein Glaube an Gott erfüllen mich mit Ehrfurcht. Das Lesen der Bibel entfacht immer wieder meine Kreativität – es ist nicht meine eigene Weisheit, sondern Gottes Weisheit, die ich in meine Gedichte und Lieder einfließen lasse."

Dayos spirituelle Poesie ist nicht einfach nur Kunst; sie ist eine Botschaft. Ihre Arbeit ist ein Zeugnis dafür, Barrieren zu überwinden, wie sie selbst berichtete, als sie über ihre früheren Kämpfe mit Schüchternheit und Introversion sprach. Durch ihre Glaubensgemeinschaft gewann sie Vertrauen, indem sie in Lobpreisteams mitwirkte und wohltätige Arbeit leistete. Es war in diesem unterstützenden Umfeld, dass sie begann, ihre Gedichte und Lieder aufzuführen. „Gottes Geist gab mir die Kraft, meine Stimme zu teilen", sagte sie. „Und jetzt bin ich bereit, meine Botschaft über diese Mauern hinauszutragen."

Im Laufe unseres Gesprächs hob Dayo häufig die Bedeutung von Transformation und Durchhaltevermögen hervor. Ihre

Bewunderung für Persönlichkeiten wie Nelson Mandela und Mutter Teresa spiegelt ihre Wertschätzung für Menschen wider, die Schwierigkeiten in Akte der Liebe und des Dienstes verwandeln. „Menschen, die sich entscheiden, keine Rache zu nehmen, sondern stattdessen Frieden und Heilung zu bringen, inspirieren mich zutiefst", sagte sie. Diese Denkweise befeuert ihren kreativen Prozess.

Ein besonders bewegender Moment in unserem Interview war, als Dayo über die Kraft sprach, persönliche Erfahrungen in ihre Poesie einfließen zu lassen. „Ich bin in meinem Leben oft umgezogen", erklärte sie. „Menschen aus verschiedenen Kulturen zu treffen, lehrte mich, dass jede Geschichte einzigartig ist. Ihre Kämpfe inspirierten mein Buch "Deja Vu, God Loves You, Not Impossible". Es ist für Menschen, die ans Aufgeben denken. Durch Poesie möchte ich ihnen zeigen, dass ihre Schwächen zu Stärken werden können."

Der Titel von Dayos Buch verkörpert ihre Mission: zu zeigen, dass Glaube, Hoffnung und Liebe transformative Kräfte sind. Sie sucht ständig nach kreativen Wegen, ihre Botschaft zu verbreiten, sei es durch soziale Medien oder Workshops. „Ich lerne gerade, wie ich meine Bücher vermarkten kann", gestand sie mit einem Lächeln. „Denn die Worte müssen die Menschen erreichen, die sie am meisten brauchen."

Neben dem Schreiben setzt sich Dayo das Ziel, das Imposter-Syndrom zu überwinden und ein glaubensbasiertes Unternehmen zu gründen. „Die Menschen brauchen Glaube, Hoffnung und Liebe – besonders in der sich wandelnden Welt von heute", sagte sie. Mit ihrer charakteristischen Bescheidenheit teilte Dayo mit, wie Johannes 3:16 ihre Arbeit leitet: „Denn so sehr hat Gott die Welt geliebt, dass er seinen einzigen Sohn gab... das ist der Kern von allem, was ich schreibe."

Für Dayo ist Poesie nicht nur ein kreativer Ausdruck, sondern eine göttliche Berufung. Ihre einzigartige Gabe besteht darin, spirituelle Einsichten in zugängliche, zum Nachdenken anregende Verse zu übersetzen. „Ich stelle Gott Fragen, und durch Gebet und Reflexion kommen die Antworten in Form von Gedichten", erklärte sie. Ihre Arbeit bietet eine frische Perspektive auf die zeitlose Verbindung zwischen Glauben und Kreativität.

In ihrer abschließenden Botschaft an unser Publikum hinterließ Dayo ermutigende Worte: „Gebt nicht auf. Baut starke Beziehungen auf, liebt tief und hört niemals auf zu beten. Gott liebt euch so sehr." Diese Worte fassen ihre Mission perfekt zusammen: aufbauen, inspirieren und an die grenzenlose Liebe und Hoffnung erinnern, die der Glaube mit sich bringt.

Dayos Reise ist ein Zeugnis für die transformative Kraft von Glauben, Resilienz und kreativem Ausdruck. Ihre Fähigkeit, die Komplexität des Lebens in wirkungsvolle Poesie zu verwandeln, macht sie zu einem Leuchtturm der Inspiration. Um mehr über ihre Arbeit zu erfahren, einschließlich ihres Buches "Deja Vu, God Loves You, Not Impossible", besucht ihre Website und nehmt Kontakt auf. Hört niemals auf, eure Träume zu verfolgen – Dayos Poesie ist hier, um euch daran zu erinnern, dass mit Glaube nichts unmöglich ist.

Staffel 8, Episode 8, On Air seit 22. September 2024
aufgezeichnet 16.8.2024 Wembley, UK / Deutschland

Kontakt: https://adedayoadeniji.com/
Buch: "Déjà Vu, God Loves You: Not Impossible":
https://amzn.to/3ZaS3vm

4.9 Shane Perry – Von Bequemlichkeit zu Erfolg

Shane Perrys Geschichte ist eine beeindruckende Reise voller Transformation, Resilienz und einem unerschütterlichen Engagement, anderen zu helfen, ihr Potenzial zu entfalten. Als ich mit Shane für diese Episode von Inspired Choice Today sprach, war ich sofort beeindruckt von seiner Weisheit und seiner klaren Mission. Vom erfolgreichen Unternehmer hin zum Performance Consultant hat Shane eine bemerkenswerte Entwicklung durchlaufen. Seine Fähigkeit, Menschen aus ihrer Komfortzone zu führen und zu außergewöhnlichen Leistungen zu motivieren, basiert auf jahrzehntelanger Erfahrung und tiefen persönlichen Einsichten. Besonders berührend war seine Offenheit über den tragischen Verlust seiner 19-jährigen Tochter – ein Schicksalsschlag, der ihn dazu inspiriert hat, anderen dabei zu helfen, ein erfüllteres Leben zu führen.

Shane begann unser Gespräch mit einem Rückblick auf seine 35-jährige Karriere, in der er zahlreiche Teams aufgebaut und geleitet hat. Seine Faszination für menschliches Verhalten und Motivation brachte ihn dazu, sich intensiv mit Psychologie auseinanderzusetzen und schließlich ein System zu entwickeln, mit dem Menschen ihre Ziele nicht nur setzen, sondern auch erreichen können. Dies bildete die Grundlage für sein aktuelles Projekt Disruption Factor. Der Name ist kein Zufall – Shane ist überzeugt, dass Disruption, also bewusste Störungen und Veränderungen, der Schlüssel zum persönlichen Wachstum sind. In seinem Online-Kurs "From Comfort Zone to Success" vermittelt er Werkzeuge, um Ängste, Aufschieberitis und Selbstzweifel zu überwinden.

Eines der Hauptthemen unseres Gesprächs war die sogenannte Komfortzone – ein Bereich, in dem sich viele Menschen gefangen fühlen. Shane erklärte, dass diese Komfortzone, geprägt von Paradigmen, Gewohnheiten und Ängsten, der größte Feind des Erfolgs sei. Mit einem tiefen Verständnis dafür, wie diese mentalen Konstrukte entstehen, unterstützt er seine Klienten dabei, die Verhaltensweisen zu identifizieren, die sie festhalten. Offen sprach er auch über seine eigenen Kämpfe mit Prokrastination, der Angst vor Ablehnung und der Sorge um die Meinung anderer – Herausforderungen, die er selbst überwunden hat. „Deine Komfortzone wird durch deine Gewohnheiten und Ängste gebaut", erklärte er. „Doch der Erfolg liegt außerhalb dieser Zone."

Shanes praktische Strategien zur Zielsetzung sind ebenso inspirierend wie umsetzbar. Er betonte die Wichtigkeit, Ziele aufzuschreiben, eine klare Vision zu entwickeln und einen konkreten Plan zur Umsetzung zu erstellen. Dabei verschwieg er nicht die Herausforderungen, die damit einhergehen. Er sprach von der unvermeidbaren „Disruption", die auftritt, wenn man versucht, Veränderungen herbeizuführen, und die viele Menschen dazu verleitet, in ihre Komfortzone zurückzukehren. „Wenn du ein Ziel setzt, wirst du zunächst auf Widerstand stoßen – das ist die Disruption. Aber genau das ist der Moment, in dem du weitermachen musst", sagte er.

Als ich Shane nach dem lohnendsten Aspekt seiner Arbeit fragte, sprach er leidenschaftlich darüber, die Transformation seiner Klienten mitzuerleben. Für ihn besteht der größte Erfolg darin, Menschen dabei zu helfen, eine neue Komfortzone aufzubauen – eine, in der das Erreichen ihrer Ziele zur Gewohnheit wird. Als Beispiel nannte er seine eigene Fitnessreise. Er erzählte, wie er anfänglich Schwierigkeiten hatte, gesunde Gewohnheiten zu etablieren, und wie er schließlich an den Punkt gelangte, an dem es sich unangenehm anfühlte, ein Workout auszulassen. „Wenn du diesen Punkt erreichst", sagte er, „dann hast du gewonnen."

Unser Gespräch führte uns auch zu den mentalen Barrieren, die durch gesellschaftliche Normen und sogenannte Mittelklasse-Paradigmen geformt werden. „Die meisten von uns wurden darauf trainiert, sich mit dem Durchschnitt zufrieden zu geben", sagte er. „Uns wird beigebracht, Risiken zu meiden und in Sicherheit zu bleiben. Doch echter Erfolg entsteht nur, wenn wir ins Unbekannte treten." Indem Shane seinen Klienten hilft, ihre Paradigmen zu hinterfragen und

Möglichkeiten anstelle von Einschränkungen zu sehen, befähigt er sie, sich von der Mittelmäßigkeit zu befreien und ihr volles Potenzial auszuschöpfen.

Shane teilte auch seine Pläne für die Zukunft, darunter die Durchführung von Seminaren und den Ausbau seines Unternehmens Disruption Factor. Persönlich hat er sich vorgenommen, seine Fitnessreise fortzusetzen und neue Gesundheitsziele zu erreichen. Beruflich konzentriert er sich darauf, Disruption Factor durch Workshops und Veranstaltungen weiter auszubauen – ein Projekt, das als Leidenschaft begann und nun zu einem florierenden Unternehmen geworden ist.

In seiner abschließenden Botschaft hinterließ Shane einen kraftvollen Aufruf zum Handeln: „Spring ins kalte Wasser. Warte nicht bis zum 1. Januar, um dein Leben zu verändern. Fang jetzt an. Selbst wenn du nicht sofort Ergebnisse siehst – die Tatsache, dass du etwas tust, wird deine Seele nähren. In einer Welt voller Starter sei ein Finisher."

Shane Perrys Erkenntnisse sind ein eindrucksvoller Beweis dafür, dass persönliches Wachstum außerhalb der Komfortzone beginnt. Sein Weg erinnert uns daran, dass Disruption zwar unangenehm ist, aber gleichzeitig das Tor zu einem erfüllten und erfolgreichen Leben öffnet. Für all jene, die bereit sind, den Sprung zu wagen, bietet Shanes Arbeit die notwendigen Werkzeuge und Anleitungen, um den Weg zum Erfolg zu meistern. Weitere Informationen zu Shane Perry und seinem Projekt findest du auf seiner Website disruption-factor.com oder folge ihm auf Instagram unter @realshaneperry.

Staffel 11, Episode 20, On Air seit 3. Februar 2025
aufgezeichnet 24.10.24 Arroya Grande, CA, US / Deutschland
Kontakt: https://www.disruption-factor.com/
Buch: "Crossing the Minefield of Life": https://amzn.to/41zv1Bx

4.10 Laura Watson – Der Tanz der Influencer

Als ich mit Laura Watson zusammensaß, war ich sofort fasziniert von ihrer bodenständigen Energie und ihrer messerscharfen Klarheit.

Laura ist eine ausgezeichnete Coachin, Weltmeisterin im Country-Dance und hat über 30 Jahre damit verbracht, Menschen zu helfen, ihr volles Potenzial zu entfalten. Ihre Einblicke waren sowohl tiefgründig als auch erfrischend praktisch. Unser Gespräch hat mich inspiriert, und ich bin sicher, dass es auch dich inspirieren wird.

Einer der eindrucksvollsten Momente unseres Interviews war Lauras Ansatz, die Kluft zwischen Theorie und Praxis in der Führung zu überbrücken.

„Du musst mit Klarheit beginnen," betonte sie. „Klarheit darüber, was du willst, wie du es erreichen wirst und wann." Sie beschrieb, wie viele ihrer Klienten mit ehrgeizigen Zielen starten, dann aber in einem Strudel aus Überforderung und Aufschieberitis stecken bleiben. Ihre Lösung? Große Ziele in kleine, umsetzbare Schritte zerlegen und diese vor allem fest im Kalender einplanen.

Lauras Rat, „einen Termin mit dir selbst zu buchen", war für mich ein absoluter Game-Changer.

Es geht nicht nur darum, Ziele zu haben – es geht darum, sich zu verpflichten, indem man diesen Zielen gezielte Zeit im Kalender widmet. Laura unterstützt ihre Klienten sogar, indem sie Erinnerungen verschickt und den Fortschritt verfolgt, um die Verantwortung sicherzustellen. Ihr pragmatischer und gleichzeitig einfühlsamer Ansatz hat mich besonders beeindruckt, vor allem als sie ihre Rolle als eine Mischung aus Cheerleaderin und gelegentlicher „Tritt in den Hintern"-Geberin beschrieb.

Lauras Leidenschaft für den Country-Dance – in dem sie bereits eine Weltmeisterschaft gewonnen hat und sich auf die nächste vorbereitet – spielt eine zentrale Rolle in ihrer Arbeit als Coach. „Nichts, was ich im Tanz mache, kommt mir natürlich," teilte sie mit. „Es geht darum, über meine Komfortzone hinauszugehen, das Unbehagen zu spüren und es anzunehmen."

Ihre Tanzreise spiegelt den Führungsweg, den sie ihren Klienten hilft zu meistern.
Laura ist überzeugt davon, dass man andere nur dann effektiv führen kann, wenn man selbst den Weg geht. „Walk the talk," wie sie sagt. „Wir müssen uns mit Unbehagen anfreunden," betonte sie – ein Mantra, das sie sowohl auf der Tanzfläche als auch im Meetingraum verkörpert.

Wenn es um Herausforderungen in der Führung geht, hat Laura alles gesehen – vor allem die Schwierigkeiten, die Führungskräfte beim Delegieren haben.
Oft neigen Führungskräfte dazu, alles selbst zu erledigen, was das Wachstum des Unternehmens hemmt. „Wenn sie weiterhin alles selbst machen, werden sie nie die Zeit oder Kapazität haben, ihr Unternehmen zu skalieren," erklärte sie.

Ihre Lösung? Klare Kommunikation und Erwartungen im Hinblick auf die zu delegierende Verantwortung setzen. „Es geht nicht nur darum zu fragen: ‚Verstehst du das?', sondern: ‚Was genau hast du verstanden?' und den anderen die Möglichkeit zu geben, das in eigenen Worten wiederzugeben." Dieser subtile Wechsel in der Fragestellung kann den Unterschied zwischen einer erfolgreichen Delegation und einem scheiternden Projekt ausmachen.

Ein weiteres Thema, das Laura ansprach, war Feedback – ein Bereich, in dem viele Führungskräfte emotionale Hürden erleben.
Sowohl beim Geben als auch beim Empfangen von Feedback stoßen viele auf Blockaden. Laura betonte, dass Selbstbewusstsein der Schlüssel ist, um emotionale Reaktionen zu verstehen. „Wenn sich Feedback wie ein Angriff anfühlt, liegt das oft nicht an der Person, die es gibt, sondern an einer Geschichte oder einem limitierenden Glaubenssatz, den wir in uns tragen."

Ihr Rat? Mentale und emotionale Meisterschaft entwickeln, um ruhig und offen für Feedback zu bleiben. Und sich daran erinnern: Feedback ist eine Einladung zum Nachdenken, nicht eine Pflicht zur Umsetzung.

Laura schloss unser Gespräch mit einer kraftvollen Botschaft: „Tritt in deine Führungsrolle und suche immer nach Möglichkeiten, dich weiterzuentwickeln."
Ob es um persönliche Führung oder die Leitung eines Teams geht – sie betonte die Bedeutung von kontinuierlichem Wachstum. Ihr Rat? Beginne dort, wo du gerade stehst, investiere in Coaching oder Mastermind-Gruppen und fordere dich heraus, neue Ebenen zu erreichen.

Dieses Gespräch hat mich tief beeindruckt.
Laura hat die Fähigkeit, komplexe Konzepte zu vereinfachen und gleichzeitig zum Handeln zu inspirieren. Ihre Worte sind ein Aufruf an alle, die bereit sind, Klarheit, Konsequenz und Mut zu entwickeln, um ihre Ziele zu erreichen.

Wie Laura uns erinnert: Klarheit und Konsequenz sind die Bausteine des Erfolgs – ob in der Führung, im Business oder im Leben.
Beginne klein, bleib dran und vergiss nicht, diesen entscheidenden Termin mit dir selbst zu vereinbaren.

Staffel 10, Episode 84, On Air seit 21. Januar 2025

aufgezeichnet 15.10.2024 Calgary, Alberta, CA / Deutschland

Kontakt: https://venturecoaching.ca/

4.11 Brian Hite —Blaupause für den Neubeginn

Als Brian Hite mir bei unserer Episode von Inspired Choice Today gegenüber saß, war von Anfang an klar, dass seine Geschichte alles andere als gewöhnlich ist.
Vom Stuntman zum Keynote-Speaker, Autor und Sport-, Leistungs- und Organisationspsychologen – Brians Lebensweg ist eine Meisterklasse darin, Veränderung anzunehmen, Ungewissheit zu begrüßen und ein Leben zu gestalten, das sowohl dynamisch als auch zutiefst erfüllend ist.

Brians Philosophie lässt sich im Titel seines Buches zusammenfassen: „Begin Again: Utilize the Wisdom of Eastern and Western Ideologies to Achieve Your Full Potential" (Fange neu an: Nutze die Weisheit östlicher und westlicher Ideologien, um dein volles Potenzial zu erreichen). „Ich glaube, wir können immer wieder neu anfangen," teilte er mit. Diese Perspektive ist nicht nur ein cleveres Motto – es ist eine Lebensweise, die seine berufliche und persönliche Entwicklung geprägt hat. Für Brian ist der gegenwärtige Moment nicht nur der Ausgangspunkt, sondern der einzige Punkt, an dem wirkliche Veränderung möglich ist.

Als Stuntman, mit einer Karriere über 30 Jahre, mehr als 100 Filmen und TV-Shows und einer Screen Actors Guild Award-Auszeichnung für seine Arbeit an der TV-Serie „24", weiß Brian genau, was es bedeutet, unter Druck zu performen. Er beschrieb die intensive Konzentration, die erforderlich ist, um Sicherheit und Erfolg am Set zu gewährleisten. „Wenn Menschen in Gedanken an das Vergangene oder Zukünftige hängen bleiben, verpassen sie das, was gerade ist," erklärte er. Diese Notwendigkeit, präsent zu sein, prägt nicht nur seine Stuntkarriere, sondern auch seine Herangehensweise an Coaching und Lehre.

Nach Jahren in der Unterhaltungsbranche eröffnete sich ihm eine neue Richtung – die Leistungspsychologie.
Zuerst ging es darum, die Ausbildung abzuschließen, die er zugunsten seiner Stuntkarriere unterbrochen hatte. Dann

folgte eine zehnjährige Rolle als Performance-Psychologe beim US-Militär, bevor er zur Stuntarbeit zurückkehrte, nur um erneut eine Kehrtwende einzulegen und sein eigenes Coaching- und Vortragsunternehmen, Brian Hite Global, zu gründen. Jeder dieser Wendepunkte war für ihn eine Gelegenheit, neu zu beginnen – und seine vielfältigen Erfahrungen zu etwas Größerem zu verschmelzen.

Was in unserem Gespräch besonders auffiel, war Brians unerschütterlicher Glaube an den Wert der Reise selbst. „Es geht nicht um das Endergebnis," sagte er. „Es geht um die Erfahrung, unterwegs zu wachsen, sich zu entwickeln und sich zu verbessern." Dieser Ansatz ist nicht nur theoretisch – es ist praktischer Rat, den er seinen Klienten gibt, seien es Athleten, Militärangehörige oder Führungskräfte, die Höchstleistungen anstreben. Sein Coaching vereint westliche Wissenschaft mit östlicher Philosophie und bietet einen ganzheitlichen Ansatz, der branchen- und kulturübergreifend Anklang findet.

Als Keynote-Speaker und Dozent sprach Brian auch über die Bedeutung des Vertrauens in den Prozess.
Er erkennt schnell an, dass nicht jede Entscheidung im herkömmlichen Sinne zum Erfolg führt, aber jede Erfahrung vertieft unser Verständnis von uns selbst und der Welt. „Selbst wenn Dinge nicht wie geplant funktionieren, funktionieren sie trotzdem," sagte er – ein Satz, der mir im Gedächtnis geblieben ist.

Brians Fähigkeit, seine vielfältigen Erfahrungen – akademisch, physisch und philosophisch – in umsetzbare Erkenntnisse zu verwandeln, macht ihn zu einem herausragenden Führungspersönlichkeit. Seine kommenden Projekte, darunter sein nächstes Buch „Flow under Fire: A Stuntman's Guide to Handling Pressure" (Fließen unter Druck: Ein Leitfaden für den Umgang mit Druck aus Sicht eines Stuntmans) und eine Reihe von Coaching-Programmen zu den Themen Druck, Motivation und konstante Höchstleistung, spiegeln sein Engagement wider, anderen dabei zu helfen, ihr volles Potenzial auszuschöpfen.

Zum Abschluss unseres Interviews hinterließ Brian das Publikum mit diesem Gedanken:
„Chancen sind immer da. Du musst nur offen dafür sein, sie zu sehen – und auch dafür, dass sie nicht immer so aussehen, wie du es erwartet hast. Trotzdem funktionieren sie."
Diese Erinnerung hat eine tiefgreifende Bedeutung, egal ob man sich in einer beruflichen Neuausrichtung, einer persönlichen Herausforderung oder einfach im Bemühen, den gegenwärtigen Moment zu umarmen, befindet.

Brian Hites Geschichte ist ein Zeugnis für die Kraft von Resilienz, Neugierde und die Bereitschaft, immer wieder neu anzufangen.
Es ist eine Lektion, die wir alle in unser eigenes Leben mitnehmen können, im Wissen, dass jeder Moment eine neue Chance bietet, neu zu beginnen.

Staffel 11, Episode 42, On Air seit 14. Februar 2025
aufgezeichnet 28.10.2024 Nashville, TN, US / Deutschland

Kontakt: https://beginagainperformancepsychology.com/
Buch "Begin Again": https://amzn.to/4fSi2iD

4.12 Katherine K Mullin – Inspiriert durch Wachstum

In dieser Episode hatte ich das Vergnügen, mit Katherine Kim Mullin zu sprechen – einer Frau, deren Herangehensweise an Leben, Business und zwischenmenschliche Verbindungen gleichermaßen inspirierend wie transformativ ist. Katherine, die professionellen Erfolg mit einer nahbaren Persönlichkeit vereint, stellte sich als jemand vor, der zutiefst engagiert ist, sich eine Welt voller Wohlstand und Verbundenheit für alle vorzustellen. Für sie bedeutet Reichtum nicht nur finanziellen Erfolg – es geht darum, die Freiheit zu haben, das Leben nach den eigenen Vorstellungen zu gestalten.

Mit über 40 Jahren Erfahrung, insbesondere im Bereich der Gewerbeimmobilien und Unternehmensberatung, bietet Katherine eine einzigartige Perspektive auf den Aufbau von Wohlstand. Ihre Philosophie vereint Geld verdienen, Geld sparen und vor allem das Knüpfen von Verbindungen, um neue Möglichkeiten zu schaffen. Während unseres Gesprächs betonte sie, dass Wohlstand nicht nur durch Profitmargen definiert wird, sondern vor allem durch den Aufbau sinnvoller Beziehungen, die allen Beteiligten ermöglichen, zu wachsen.

Ein besonderes Highlight unseres Gesprächs war Katherines Perspektive auf Zusammenarbeit. Sie erklärte, wie Unternehmen durch Partnerschaften mit gleichgesinnten Organisationen exponentiellen Mehrwert schaffen können. Ein Beispiel war die Geschichte eines Freundes, der elektronische Rollstühle entwarf, und eines anderen Unternehmens, das Handläufe für barrierefreie Zugänge herstellte. Durch die Zusammenarbeit konnten diese Unternehmen nicht nur ihr Angebot erweitern, sondern auch ihre gemeinsame Zielgruppe effektiver bedienen. Dieser Geist der Co-Kreation steht im Zentrum von Katherines Ansatz – eine wichtige Lektion, von der viele Unternehmer profitieren können.

Als ich Katherine fragte, wer sie inspiriert, sprach sie mit großer Leidenschaft über die Autoren und Mentoren, die ihren Weg geprägt haben. Von Zig Ziglars Lehren über Zielsetzung bis hin zu Napoleon Hills zeitlosen Prinzipien in „Think and Grow Rich" – sie hat Weisheit von einigen der größten Persönlichkeiten der Persönlichkeitsentwicklung gesammelt. Interessanterweise erzählte sie, dass die Napoleon Hill Foundation ihr half, die tieferen Ebenen von Hills Werk zu erkennen, selbst nach jahrzehntelangem Studium seines Buches. Diese Vertiefung in Hills Philosophie bereicherte nicht nur ihr Verständnis, sondern motivierte sie auch, diese Prinzipien weiterzugeben – besonders an unterversorgte Gemeinschaften wie Einwanderer in Quebec, die nach Arbeit suchen.

Katherines Fähigkeit, Einblicke zu vermitteln, anstatt nur zu inspirieren, ist eine ihrer herausragenden Eigenschaften. Wie sie es selbst formuliert: „Ich gebe Einblicke, und sie werden inspiriert." Ihre Mission ist es, anderen zu helfen, sich selbst in einem neuen Licht zu sehen – sie bietet Orientierung, während sie gleichzeitig ermutigt, den eigenen Weg zu finden. Diese Authentizität und Klarheit machen sie zu einer so kraftvollen Verbindungsperson und Mentorin.

Ein weiteres Highlight unseres Gesprächs war Katherines Betonung darauf, das Leben bewusst und mit Absicht zu gestalten.
Sie teilte ihren Ansatz der „vier C's": Create, Choose, Connect, Commit (erschaffen, wählen, verbinden, verpflichten). Diese Prinzipien leiten ihre Entscheidungen und Handlungen und ermöglichen es ihr, mit Klarheit, Mut und Selbstvertrauen zu leben. Zudem erklärte sie ihre einzigartige Herangehensweise an Vision Boards – sie bevorzugt Vision Maps, die eine dynamischere und umsetzbare Darstellung ihrer Ziele bieten.

Für 2024 hat Katherine ehrgeizige Pläne, darunter die Einführung eines bahnbrechenden Projekts, das sich derzeit in der Beta-Phase befindet. Obwohl sie aufgrund von Geheimhaltungsvereinbarungen keine Details preisgeben konnte, war ihre Begeisterung und Zuversicht deutlich spürbar. Dieses Projekt, das aus ihrer Leidenschaft für Vernetzung und Zusammenarbeit hervorgeht, verspricht, ein echter Game-Changer zu werden.

Unser Gespräch war eine Meisterklasse darin, Herz, Strategie und Vision zu kombinieren, um ein Leben zu schaffen, das sowohl erfüllend als auch wirkungsvoll ist.
Katherines Botschaft ist klar: Erfolg bedeutet nicht Kompromisse, sondern Investitionen – in sich selbst, in Beziehungen und in die eigenen Träume.

Zum Abschluss unseres Gesprächs fühlte ich eine tiefe Dankbarkeit für die Einsichten, die Katherine geteilt hat. Ihre Worte: „Du findest keinen Erfolg, wenn du versuchst, andere zu verändern" – diese Erinnerung daran, dass Authentizität und Ausrichtung die Schlüssel zu sinnvollen Kooperationen sind, werde ich immer bei mir tragen.

Staffel 6, Episode 42, On Air seit 31. Juli 2024
aufgezeichnet 26.6.24 Montréal, QC, Canada / Deutschland

Kontakt: http://www.katherinekimmullin.com/

4.13 Laura Lee Kenny – Vom Traum zur Vision

Im lebendigen Fluss des Lebenswegs gibt es Menschen, die nicht nur durch ihre Erfolge hervorstechen, sondern durch ihren unermüdlichen Geist der Großzügigkeit und Veränderung.
Laura Lee Kenny ist eine solche Person – eine liebe Freundin und eine wahre Inspiration, deren Lebensgeschichte ein Zeugnis von Resilienz, Glauben und der Kraft ständiger Neuausrichtung ist.

Als ich Laura Lee im Oktober 2022 in Ottawa bei einer Veranstaltung von Peggy McColl zum ersten Mal traf, war mir sofort klar, dass sie eine außergewöhnliche Ausstrahlung von Wärme und Stärke besitzt. Die Pandemie hatte gerade ihren Griff gelockert, und es war mein erstes Event in der Coaching-Branche. Jemanden wie Laura Lee zu treffen – voller Energie und Einsichten – war ein wahres Geschenk. Während sie mir ihre Geschichte erzählte, wurde schnell klar, dass Laura Lee mehr als eine Freundin ist – sie ist ein Leuchtturm voller Möglichkeiten. Ein Jahr später trafen wir uns erneut bei einer Veranstaltung in Los Angeles im Haus von Ramy El-Batrawi. Trotz der unterschiedlichen Kulissen blieb eine Sache konstant: Laura Lees unerschöpfliche Begeisterung für das Leben und ihre Mission, anderen zu helfen, ihr volles Potenzial zu entfalten.

Laura Lees Geschichte beginnt in New Brunswick, Kanada, wo sie als drittes von zwölf Kindern aufwuchs. Geboren in bescheidenen Verhältnissen, lernte sie früh den Wert harter Arbeit kennen. Ihre Erziehung, die sie als „Leben im Pionierstil" beschreibt, prägte eine tiefe Resilienz und Anpassungsfähigkeit, die ihr in den Herausforderungen des Lebens von großem Nutzen war. Ihr beruflicher Weg ist so facettenreich wie ihre Persönlichkeit. Laura Lee glänzte in zwei Hauptkarrieren – zunächst als Executive Managerin bei einem Kosmetikunternehmen und später als zertifizierte Finanzplanerin. Obwohl diese Rollen auf den ersten Blick unterschiedlich erscheinen, zog sich ein roter Faden durch beide Bereiche: ihre Fähigkeit, andere zu stärken und zu inspirieren, sei es durch Beauty-Produkte oder finanzielle Erfolge.

Während ihrer Karriere in der Kosmetikbranche baute sie ein Netzwerk von 123 Vertreterinnen auf und motivierte sie, ihre persönlichen Ziele zu erreichen. Als Finanzplanerin brach sie Barrieren in einer traditionell männlich geprägten Branche und gewann das Vertrauen von Klienten, die oft Jahrzehnte älter waren als sie. Ihre Fähigkeit, Menschen auf Augenhöhe zu begegnen und ihre Sprache zu sprechen – sei es finanziell oder auf persönlicher Ebene – machte sie einzigartig.

Nach 25 Jahren in der Finanzplanung spürte Laura Lee den Ruf nach einem neuen Zweck: Menschen nicht nur beim Verwalten ihres Geldes zu helfen, sondern ihnen zu zeigen, wie sie Wohlstand schaffen können, insbesondere durch passives Einkommen wie Affiliate-Marketing.

Laura Lee arbeitet derzeit an der Gründung einer Non-Profit-Organisation namens „Be Financially Creative", die genau diese Mission verkörpert: finanzielle Bildung, Geld-Mindset und Einkommensströme zu lehren. Mit dem Ziel, jährlich 100 Schüler zu erreichen, setzt sich Laura Lee dafür ein, jüngeren Generationen die finanziellen Fähigkeiten und Denkweisen zu vermitteln, die sie für ihren Erfolg benötigen. Ihre Arbeit ist eine Mischung aus Philanthropie und praktischer Hilfe, geleitet von der Überzeugung, dass jeder Mensch Zugang zu finanzieller Bildung verdient.

Eine von Laura Lees einzigartigen Gaben ist ihre Fähigkeit, Menschen miteinander zu verbinden.
Sie hat ein bemerkenswertes Talent, sich an Details zu erinnern und Menschen mit den Ressourcen oder Chancen zu verknüpfen, die sie brauchen. Diese Gabe, kombiniert mit ihrer natürlichen Energie und ihrem Charisma, hat ihr unter ihren Kollegen den Spitznamen „Wealth Magnet" eingebracht.

Trotz all ihrer Erfolge bleibt Laura Lee bescheiden und bodenständig. Sie führt ihren Erfolg auf ihren Glauben und die Werte zurück, die ihr von ihren Großeltern vermittelt wurden. Ihr Leben ist ein Beweis dafür, dass Spiritualität und Wohlstand harmonisch koexistieren können.

Auf die Frage, wie sie andere inspiriert, betont Laura Lee die Bedeutung, offen für neue Möglichkeiten zu sein.
„Es ist nie zu spät für eine Veränderung," sagt sie. Ihr eigener Lebensweg – das Wechseln von Karrieren, die Gründung einer Non-Profit-Organisation und das Ergreifen neuer Chancen – ist der lebende Beweis für diese Überzeugung.

Ihre Herangehensweise ist zutiefst persönlich – sie trifft Menschen dort, wo sie gerade stehen, und hilft ihnen, sich eine bessere Zukunft vorzustellen. Ob sie finanzielle Bildung lehrt, Unternehmer coacht oder ihre Geschichte teilt – Laura Lees Ziel ist es, andere zu ermächtigen, die Kontrolle über ihr Leben zu übernehmen.

Neben ihrer gemeinnützigen Arbeit ist Laura Lee in mehreren Projekten aktiv, die sich mit ihrer Mission decken. Sie ist Gründungsmitglied eines Unternehmens, das kleinen Unternehmen hilft, ihren Nettogewinn um 1 % täglich zu steigern. Außerdem moderiert sie den Podcast „Money Mindset Mentors" und bietet Programme über Plattformen wie BeeKonnected an.

Laura Lee Kennys Geschichte ist eine Geschichte von Triumph, Glauben und dem unermüdlichen Streben nach einer besseren Welt. Sie hat nicht nur ihr eigenes Leben transformiert, sondern inspiriert auch andere, dasselbe zu tun. Als unser Gespräch zu Ende ging, fühlte ich tiefe Dankbarkeit für die Verbindung, die wir teilen, und die Lektionen, die sie mir weiterhin vermittelt.

Staffel 1, Episode 27, On Air seit 19. Dezember 2023
aufgezeichnet 19.12.23 New Brunswick, CA / Echo Park, CA, US

Kontakt: https://www.linkedin.com/in/lauraleekenny/

4.14 Martina Wagner – Der Duft von Erfolg

Als ich mit Martina Wagner für unsere Episode von Inspired Choice Today zusammensaß, wusste ich, dass uns etwas Außergewöhnliches bevorstand.
Martina ist nicht nur Elite Success Coach – sie ist ein Leuchtturm der Ruhe und Inspiration. Ihre Energie strahlt eine mühelose Stärke aus, die nicht nur ihr eigenes Leben, sondern auch das Leben unzähliger anderer Menschen verändert hat. Sie ist jemand, den ich als Freundin, Mentorin und Wegbegleiterin sehr schätze, und ich bin geehrt, ihre Geschichte mit euch zu teilen.

Unsere erste Begegnung fand Anfang 2023 beim Napoleon Hill Institute statt, wo wir uns intensiv mit den zeitlosen Prinzipien des Erfolgs beschäftigten. Doch diese Reise nahm eine spannende Wendung, als Martina mir die Welt der ätherischen Aromaöle näherbrachte. Was als bloße Neugier begann, wurde für mich zu einer Offenbarung. Mit Namen wie „Abundance" und „Higher Unity" wurden diese Öle mehr als nur Düfte – sie wurden Werkzeuge der Transformation.

Für Martina sind diese Öle keine bloßen Produkte – sie sind Partner auf dem Weg zu persönlichem Wachstum. Sie erzählte, wie sie durch die Integration der Aromatherapie in ihr Coaching in nur zehn Monaten ihr Einkommen versechsfachte. „Es geht nicht nur um die Öle," erklärte sie, „sondern um das, was sie repräsentieren – Glaube, Fülle und die grenzenlosen Möglichkeiten, die in uns allen schlummern."

Martinas einzigartige Methode kombiniert Coaching mit den subtilen, aber kraftvollen Effekten der Aromatherapie. Ihre Arbeit basiert auf der Überzeugung, dass jeder Mensch das Potenzial für Größe in sich trägt, das nur darauf wartet, freigesetzt zu werden. „Du musst dein ‚Warum' finden," sagte sie mir. „Dieses große, brennende Verlangen, das dich vorantreibt. Und wenn du dann ein wenig ‚Abundance', ein wenig ‚Believe' und vielleicht einen Hauch von ‚Higher Unity' hinzufügst, wirst du sehen, wie dir die Chancen nur so zufliegen."

Ich teilte mit Martina meine eigene Erfahrung mit dem von ihr empfohlenen Öl „Higher Unity". Anfangs kämpfte ich mit dem Duft – er war für mich schwer zu ertragen. Ihr Rat? „Trage es 10 Tage lang auf die Fußsohlen auf – und wenn nötig, zieh Socken an, um den Geruch abzudämpfen." Am Ende des Experiments hatte sich der Duft zu einem meiner Lieblingsdüfte gewandelt. Diese kleine, aber tiefgreifende Veränderung erinnerte mich daran, dass die einfachsten Handlungen, wenn sie konsequent ausgeführt werden, zu bedeutenden Durchbrüchen führen können.

Martinas Weisheit endet jedoch nicht bei den Aromaölen. Sie findet ihre größte Inspiration in der Natur – einer konstanten Quelle von Fülle und Gelassenheit. „Schau dich um," sagte sie. „Mutter Natur ist voller bedingungsloser Liebe, Wachstum und endloser Möglichkeiten. Wenn wir uns mit dieser Energie verbinden und unser inneres Kind umarmen, finden wir einen spielerischen, mühelosen Weg zu leben." Ihre Worte malten lebendige Bilder von Palmen, Ozeanen und dem sanften Wind, der durch die österreichischen Wälder weht, und erinnerten daran, dass Inspiration immer in Reichweite ist, egal wo wir uns befinden.

Was Martina so besonders macht, ist ihre Fähigkeit, ihren Klienten das beste Bild von sich selbst zurückzuspiegeln. Sie glaubt an die Kraft von Energie und Schwingung und sagte: „Worte sind zweitrangig. Es ist die Frequenz, die du aussendest, die andere wirklich inspiriert." Ihr Ansatz besteht nicht darin, Menschen zu „reparieren", sondern ihnen zu helfen, ihre angeborene Brillanz wiederzuentdecken und in ihr höheres Selbst hineinzuwachsen.

Zum Abschluss unseres Gesprächs hatte Martina ein besonderes Geschenk für die Community von Inspired Choice Today: einen kostenlosen dreitägigen Masterclass-Workshop, der den Teilnehmern helfen soll, das Jahr 2024 zu ihrem bisher besten Jahr zu machen. Von Vision und Glauben bis hin zu konkreten Aktionsplänen verspricht dieser Workshop Werkzeuge, um das nächste Level zu erreichen. „Du kannst ihn bis Weihnachten immer wieder ansehen," sagte sie lächelnd und wusste, dass jede Wiederholung neue Schichten an Erkenntnissen aufdecken würde.

Darüber hinaus machte Martina ein besonderes Angebot für alle, die sich für ihre Aromaöle interessieren – fast 50 % Rabatt auf das Starterpaket. Dies unterstreicht ihre Überzeugung von der transformierenden Kraft dieser Werkzeuge und ihren Wunsch, sie mit so vielen Menschen wie möglich zu teilen.

Als unser Gespräch zu Ende ging, reflektierte ich darüber, wie sehr Martinas Freundschaft und Mentoring mein Leben bereichert haben.
Ihre Fähigkeit, praktische Strategien mit der ätherischen Schönheit von Natur und Energiearbeit zu verbinden, ist ein Geschenk für alle, die ihren Weg kreuzen. Wenn du bereit bist, in dein höheres Selbst hineinzuwachsen, ist Martina Wagner die perfekte Begleiterin – mühelos, freudvoll und voller Kraft.

Ihre letzten Worte an das Publikum fassen ihre Botschaft perfekt zusammen:
„Du bist es wert. Deine Träume sind es wert. Geh deinen Weg zum Erfolg – denn alles, was du dafür brauchst, hast du bereits in dir."

Dieses Gespräch war nicht nur ein Interview – es war eine Meisterklasse darin, ein Leben voller inspirierter Entscheidungen zu führen. Und dafür bin ich unendlich dankbar.

Staffel 1, Episode 9, On Air seit 14. Dezember 2023
aufgezeichnet 14.12.23 Amstetten, Austria / San Diego, CA, US
Kontakt: https://www.wagner-martina.com/

4.15 Creg Effs – Einen Meter entfernt vom Gold

Mit Creg Effs zu sprechen fühlt sich immer an wie ein Gespräch mit einem alten Freund – warmherzig, tiefgründig und voller Inspiration. Als Empowerment-Stratege, Feuerwehrmann, Autor und Redner verkörpert Creg die Stärke und Resilienz, die er auch anderen vermittelt. In dieser Episode teilte er die prägenden Erfahrungen, die seinen Lebensweg geformt haben – von der Disziplin aus seiner 22-jährigen Feuerwehrkarriere bis hin zur Weisheit, die er von seinen Mentoren gewonnen hat, von denen er viele eher durch Bücher als persönlich kennengelernt hat.

Cregs Reise ist ein Beweis dafür, wie man Widrigkeiten überwindet. „Gib niemals deine Träume auf", sagte er mit fester Überzeugung in der Stimme. „Auch wenn Hindernisse auftauchen – sieh sie als Gottes Weg, dir zu sagen, dass du innehalten, nachdenken und manchmal neu planen musst. Aber höre niemals auf, vorwärtszugehen." Diese Perspektive ist für Creg nicht nur Theorie; sie bildet den Kern seiner Botschaft, die tief in seinen persönlichen Herausforderungen und Erfolgen verwurzelt ist.

Ein Höhepunkt unseres Gesprächs war seine Reflexion über das Buch „Three Feet from Gold".
Wie Creg erzählte, kam dieses Buch in einer Zeit großer persönlicher Schwierigkeiten in sein Leben. „Ich stand an einem Wendepunkt, kurz davor, meine Ehe zu verlieren und mich besiegt zu fühlen", teilte er mit. „Als ich das Buch las, hatte ich das Gefühl, die Geschichte handle von mir. Es lehrte mich, dass Menschen oft genau dann aufgeben, wenn sie kurz vor dem Erfolg stehen – nur drei Fuß entfernt vom Gold."

Cregs Geschichte handelt jedoch nicht nur von Resilienz – sie zeigt, wie man diese Stärke nutzt, um andere zu stärken. Durch seine Bücher wie „Everyone Deserves Love" vermittelt er Lektionen, die er durch Herzschmerz und Selbstfindung gelernt hat. „Liebe ist nicht nur ein Gefühl", erklärte er. „Es geht um Verständnis, Geduld und darum, sich mit dem zu verbinden, was wirklich für einen bestimmt ist. Selbst in der Zerbrochenheit steckt Stärke."

Unsere Diskussion berührte auch seine Arbeit als Feuerwehrmann – eine Karriere, die seinen Charakter tief geprägt hat.
„Feuerwehrmann zu sein, hat mich Mut, Empathie und den Umgang mit unterschiedlichsten Persönlichkeiten gelehrt", sagte Creg. „Es geht nicht nur darum, Brände zu löschen – es geht darum, Vertrauen aufzubauen und in den verletzlichsten Momenten für andere da zu sein."

Jenseits seiner beruflichen Erfolge strahlt Creg eine bemerkenswerte Bescheidenheit aus.
Als ich ihn nach seinen Mentoren fragte, erwähnte er bescheiden, dass Bücher seine größten Lehrer waren. Von „Think and Grow Rich" bis „How to Win Friends and Influence People" hat er wertvolle Lektionen von literarischen Größen gezogen.
„Meine Mentoren stecken in diesen Seiten", sagte er. „Sie haben mich zu dem Menschen gemacht, der ich heute bin."

Ein besonders berührender Moment war, als Creg der gemeinsamen Community, dem Suxess Club, Anerkennung zollte.
Er erklärte, wie diese Gruppe ihm geholfen hat, seinen Newsletter zu starten und mehr Selbstvertrauen in seine Ziele zu gewinnen. „Die Unterstützung und das konstruktive Feedback unserer Gruppe waren transformativ", sagte er. „Es ist der Beweis dafür, dass unglaubliche Dinge geschehen, wenn Menschen sich gegenseitig unterstützen."

Cregs Vision für die Zukunft ist ebenso inspirierend.
Mit Plänen, die Taschenbuchversion seines neuesten Buches zu veröffentlichen und eine Gedichtsammlung als Co-Autor zu schreiben, treibt er seine kreative Arbeit kontinuierlich voran. Und als er andeutete, dass er seinen eigenen Podcast starten möchte, war klar, dass seine Leidenschaft, andere zu inspirieren, grenzenlos ist.

Zum Abschluss unseres Gesprächs hinterließ Creg eine kraftvolle Erinnerung:
„Wenn du auf Hindernisse stößt, betrachte sie als Gelegenheiten, innezuhalten und neu zu bewerten. Vielleicht bist du nur drei Fuß von deinem Gold entfernt. Geh weiter."

Diese Episode war nicht nur ein Dialog – es war eine Meisterklasse in Resilienz, Liebe und der Kraft, niemals aufzugeben.
Creg Effs ist der lebende Beweis dafür, dass wir mit der richtigen Einstellung und Unterstützung unsere Kämpfe in Sprungbretter zum Erfolg verwandeln können.

Staffel 4, Episode 24, On Air seit 13. April 2024

Staffel 7, Episode 12, On Air seit 12. August 2024

Staffel 13, Episode 18, On Air seit 1. Mai 2025

Kontakt: https://sites.google.com/view/creginspires/
Buch "Everyone Deserves Love": https://amzn.to/4fYuVaM

4.16 Cherrian Angela Chin – Natürlich inspiriert

Cherrian Angela Chin zum ersten Mal zu begegnen, war wie in eine Quelle voller Weisheit und Positivität einzutauchen. Ich erinnere mich an unsere erste Begegnung über das Napoleon Hill Institute und wie sich unsere Verbindung später bei einem persönlichen Event in Los Angeles vertiefte. Cherrian verkörpert den Inbegriff von Inspiration, Empowerment und Verbundenheit – ihre Geschichte erzählt von bemerkenswerter persönlicher Entwicklung und dem tiefen Wunsch, anderen zu geben und sie zu stärken.

Cherrian teilte ihre Reise von Jamaika in die USA mit uns und erzählte von ihrer Kindheit in naturreichen Umgebungen. Ihre Kindheit in den ruhigen Bergen Jamaikas und später in den grünen Landschaften im Bundesstaat New York prägte ihre tiefe Wertschätzung für die Schönheit der Natur. Sie erklärte, wie diese Liebe zur Natur die Grundlage ihrer Lebensphilosophie und Arbeit bildet. „Die Natur ist meine Essenz", sagte sie und beschrieb, wie sie ihre Kreativität beflügelt und ihr die Kraft gibt, sich selbst und andere tief zu verbinden.

Wenn Cherrian über Empowerment sprach, war ihre Leidenschaft deutlich spürbar. Sie reflektierte darüber, dass wahres Empowerment nicht darin besteht, jemandem einfach Autorität oder eine Stimme zu geben, sondern darin, ihnen zu helfen, die Stärke und das Potenzial in sich selbst zu erkennen. Sie teilte ihre Erfahrungen aus ihrer Arbeit bei Job Corps, wo sie Schülern aus benachteiligten Verhältnissen die Werkzeuge und Fähigkeiten an die Hand gibt, die sie für ihren Erfolg benötigen. Doch sie sprach auch über das Paradox des Empowerments: Die Möglichkeit zu wachsen, muss mit Bewusstsein einhergehen – etwas, das nicht jeder bereit ist, anzunehmen. Mit einer besonderen Balance aus Mitgefühl und Ehrlichkeit gelingt es Cherrian, Menschen ohne Vorurteile zu führen und sie zu ermutigen, über ihre Umstände hinauszuwachsen.

Cherrian sprach auch über die vielen Formen der Inspiration. Für sie entspringt Inspiration aus zahlreichen Quellen – Büchern, Musik, Kunst und den Stimmen einflussreicher Denker wie Bob Proctor, Neville Goddard und Peggy McColl. Sie teilte einen bewegenden Einblick: „Auch wenn viele von ihnen bereits gegangen sind, fühlt es sich so an, als wären sie noch hier." Dieser Gedanke zeigt ihre tiefe Verbindung zu der Weisheit der Vergangenheit und wie diese ihr heutiges Handeln prägt. Sie erklärte, wie diese Persönlichkeiten und die Schönheit der Welt um sie herum sie zu persönlichem Wachstum und tiefer Selbstverwirklichung antreiben.

Ihre Gedanken über Verbundenheit waren ebenso tiefgründig. Cherrian sprach über die unsichtbaren Fäden, die uns alle miteinander verbinden, und betonte, wie wichtig es ist, Beziehungen zu pflegen, die über oberflächliche Interaktionen hinausgehen. „Die Welt ist heute kleiner", sagte sie, „aber echte Verbindung erfordert immer noch Absicht und Mühe." Ihre Vision von Verbundenheit geht über einfaches Netzwerken hinaus – es geht ihr darum, tiefgründige Verbindungen zu schaffen, die Transformation und Wachstum fördern. Sie zitierte Gina Bellman wunderschön: „Ich liebe diese Verbindungen, die die große, alte Welt wie ein kleines Dorf wirken lassen."

Während ihres Vortrags auf dem Stage of Inspiration-Event verknüpfte Cherrian nahtlos persönliche Anekdoten mit umsetzbaren Erkenntnissen. Sie erinnerte uns an die Worte von Napoleon Hill: „Stärke und Wachstum kommen nur durch kontinuierliche Anstrengung und Kampf." Ihre Lebensgeschichte, die von Herausforderungen und Lektionen geprägt ist, verdeutlicht diese Wahrheit. Sie sprach darüber, wie die Höhen und Tiefen des Lebens sie geformt haben – wie sie Resilienz lernte und die Bedeutung von Selbstermächtigung erkannte. „Stelle dir vor, dein bestes Selbst zu sein", forderte sie uns auf und brachte damit ihre Botschaft zum Ausdruck, Wachstum anzunehmen und nach Exzellenz zu streben.

Cherrians Authentizität zeigt sich in allem, was sie tut. Ob sie Schüler bei Job Corps stärkt, Weisheiten ihrer Lieblingsautoren teilt oder andere dazu inspiriert, eine tiefere Verbindung zur Welt um sich herum aufzubauen – sie führt immer mit einem offenen Herzen. Ihr Engagement, bewusst zu leben und andere zu inspirieren, ist ein Beweis für ihren Charakter und ihre Bestimmung.

Für alle, die sich mit Cherrian verbinden möchten, bietet sie eine kostenlose Positive Intelligence (PQ)-Bewertung an – ein wertvolles Tool, um die eigenen Stärken und Saboteure zu erkennen. Sie lädt Zuhörer ein, sich über Facebook oder Instagram mit ihr in Verbindung zu setzen, wo sie weiterhin ihre Reise teilt und andere inspiriert.

Ich ging aus unserem Gespräch mit einem erneuerten Sinn für Zweck und einer tiefen Wertschätzung für die Kraft der Verbundenheit heraus. Cherrian erinnerte mich daran, dass Inspiration, Empowerment und Verbundenheit nicht nur abstrakte Konzepte sind – es sind Handlungen, die wir jeden Tag setzen können, um die Welt ein kleines bisschen heller zu machen. Ihre Geschichte ist ein Zeugnis für die transformative Kraft, mit Absicht zu leben und von Herzen zu geben.

Staffel 1, Episode 13, On Air seit 16. Dezember 2023
Staffel 7, Episode 6, On Air 8. seit 8. August 2023

Kontakt: https://www.facebook.com/cherrianc/

4.17 Annie Boon – Eine heilende Stimme

Annie Boons Weg in die komplexe Welt der Untreue ist sehr inspirierend.
Unser offenes und tiefgründiges Gespräch eröffnete eine neue Perspektive auf ein Thema, das oft von Schweigen und Urteilen geprägt ist. Annie, Mindset-Coach, die sich auf Untreue spezialisiert hat, teilt leidenschaftlich ihre persönlichen Erfahrungen und die Lektionen, die sie daraus gezogen hat – und genau diese Erkenntnisse prägen heute ihre Arbeit mit Frauen, die von Betrug betroffen sind.

Ihre Geschichte beginnt in Südafrika, wo sie ihr Leben der Unterstützung von Geliebten und betrogenen Ehefrauen gewidmet hat. Ihr Ziel ist klar: Sie möchte der Ruhepol im Sturm sein und Menschen zurück zu ihrem inneren Kompass führen. Annie begegnet diesen oft emotional belastenden Themen mit Empathie, Vertraulichkeit und einem tiefen Verständnis für die seelischen Auswirkungen, die Untreue mit sich bringt.

Während unseres Gesprächs erzählte Annie von ihrem eigenen Weg in diesen Beruf – ein Weg, der mit ihren persönlichen Herausforderungen begann. Sie wuchs in einem Haushalt auf, in dem Untreue zur Realität gehörte, und erlebte hautnah, wie sehr das ihre Familie, insbesondere ihre Mutter, belastete. Obwohl sie sich geschworen hatte, solche Muster nie zu wiederholen, fand sich Annie selbst in einer Affäre mit einem verheirateten Mann wieder. Diese Erfahrung war verheerend: Sie führte zu Verlust, Scham und einem völligen Zusammenbruch ihres Selbstwertgefühls. Doch zugleich war diese Erfahrung transformierend. Mit der Unterstützung ihrer Mutter – eine Frau, die Annie als urteilsfrei, mitfühlend und belastbar beschreibt – begann sie, ihr Leben wieder aufzubauen.

Annie's persönliche Erfahrungen geben ihr eine einzigartige Perspektive. Sie versteht die doppelte Scham, die eine Geliebte empfindet: zum einen die Stigmatisierung des eigenen Handelns, zum anderen das Gefühl, andere Frauen verraten zu haben. Gleichzeitig fühlt sie tief mit betrogenen Ehefrauen mit, die oft Gefühle von Unzulänglichkeit und Versagen in sich tragen. Ihr Fokus liegt darauf, diese Scham zu durchbrechen – durch offene Gespräche und Unterstützung. Sie glaubt, dass Scham ihre Macht verliert, wenn sie geteilt wird, und dass der Heilungsprozess mit dem Aussprechen beginnt.

Einer der bewegendsten Teile unseres Gesprächs war Annies Erkenntnis über die Bedeutung von Kommunikation und Verbindung. Sie betonte, wie wichtig es ist, erwachsene Gespräche über Untreue zu führen – ehrliche und respektvolle Dialoge, die Klarheit schaffen und den Weg zur Heilung ebnen können. Annie ermutigt Paare, ihre Probleme offen anzusprechen, noch bevor sie eskalieren – als proaktive Maßnahme. Sie erzählte, wie ein ehrliches Gespräch zwischen ihr und der Ex-Frau des Mannes, mit dem sie eine Affäre hatte, letztlich Frieden und Verständnis in eine schmerzhafte Situation brachte.

Annie's Engagement geht über ihre Coaching-Sitzungen hinaus. Auf ihrer Facebook-Seite teilt sie anonyme Briefe von Frauen, die von Untreue betroffen sind. Diese Briefe, geschrieben als kathartische Ausdrücke von Schmerz und Reflexion, geben anderen Betroffenen das Gefühl, nicht allein zu sein. Die überwältigend positiven Reaktionen auf diese Beiträge bestätigen Annies Überzeugung, dass geteilte Geschichten Empathie und Heilung fördern können.

Mit Blick auf die Zukunft hat Annie große Ziele. Sie träumt davon, ihre Botschaft einem größeren Publikum näherzubringen – durch Podcasts, öffentliche Reden und vielleicht sogar einen TED-Talk. Ihr Ziel ist es, die Gespräche rund um Untreue zu entstigmatisieren und Menschen dazu zu ermutigen, Verständnis zu suchen, bevor sie urteilen. Ihr ultimatives Ziel ist es, eine Stimme für jene zu sein, die das Gefühl haben, keine zu haben – und sowohl Geliebten als auch betrogenen Ehefrauen Unterstützung und Hoffnung zu geben.

Annie's Arbeit dreht sich nicht darum, Untreue zu rechtfertigen, sondern darum, einen sicheren Raum für Betroffene zu schaffen, in dem Heilung möglich ist. Ihre Geschichte ist ein Zeugnis von Resilienz, Mitgefühl und der transformierenden Kraft von Verletzlichkeit. In ihren eigenen Worten: „Scham kann im Licht und im Gespräch nicht existieren." Annie bringt genau dieses Licht – mit Verständnis, Mut und einem unerschütterlichen Engagement, anderen zu helfen, ihr eigenes Licht zu finden.

Staffel 6, Episode 27, On Air seit 16. Juli 2024

Staffel 7, Episode 13, On Air seit 15. August 2024

Kontakt: https://www.syoufu.com/

4.18 Andy Paige – 100 Jahre Inspiration

Bekannt für ihre Ausstrahlung, ihren Unternehmergeist und ihre Leidenschaft für Neuanfänge verkörpert Andy den Satz: „Das Leben in vollen Zügen genießen." Von ihren Rollen in ikonischen Serien wie General Hospital und Starting Over bis hin zur Erfindung des Girlie GoGarter ist Andys Leben ein Beweis für Anpassungsfähigkeit und Visionen. Doch was mich während unseres Gesprächs am meisten beeindruckte, war ihr unerschütterliches Engagement für ein langes und erfülltes Leben. Als Andy von ihrem Ziel sprach, eine Hundertjährige zu werden, war ich fasziniert. „Ich möchte 100 Jahre alt werden," sagte sie mit spürbarer Begeisterung. „Ich habe mich diesem Gedanken seit über 30 Jahren verschrieben, und deshalb starte ich mit 54 eine völlig neue Schauspielkarriere." Ihre Leidenschaft galt nicht nur den Jahren an sich, sondern deren sinnvoller Gestaltung – zu gedeihen, zu lernen und sich auch in späteren Jahrzehnten weiterzuentwickeln. Ihr Engagement für Langlebigkeit ist kein Wunschdenken. Es ist eine Lebensweise, die auf bewussten Entscheidungen basiert. Andy sprach darüber, wie wichtig es sei, relevant zu bleiben, indem man Veränderungen und Innovationen willkommen heißt. Diese Denkweise hat ihr Leben geprägt – von der Einführung eines Produkts, das in 85 Ländern genutzt wird, bis hin zu ihrem Engagement als Pearl in General Hospital.

„Es gibt immer etwas Neues zu lernen und zu wachsen," sagte sie – ein Gedanke, der ihre Lebensphilosophie perfekt widerspiegelt.

Die Idee, Andy zu interviewen, wenn sie 100 Jahre alt wird, löste sofort ein Versprechen zwischen uns aus. „Das wäre fantastisch," lachte sie. „Du musst dann aber auch noch da sein!" Der Gedanke, ihr Jahrhundertjubiläum mit einer weiteren Podcast-Episode zu feiern, fühlte sich monumental und inspirierend an. Für Andy ist es nicht nur ein Ziel, 100 Jahre alt zu werden – es ist eine Erklärung ihres Glaubens an die Kraft der Neuerfindung und des Gedeihens in jeder Lebensphase.

Unser Gespräch drehte sich nicht nur um Ziele und Unternehmertum. Andy's Perspektive auf Glück war eine tiefgründige Erkenntnis. „Glück ist die attraktivste Sache im Universum," sagte sie. „Je glücklicher du dich selbst machen kannst, desto glücklicher wird die Welt, in der wir alle leben." Ihre Worte waren eine sanfte Erinnerung daran, dass die Energie, die wir ins Leben bringen, einen Welleneffekt hat – sie formt unsere Erfahrungen und die der Menschen um uns herum. Andy's Vermächtnis wächst weiterhin – sowohl auf als auch hinter der Leinwand. Während sie mit General Hospital zusammenarbeitet, um fiktive Produkte wie Deception Beauty zum Leben zu erwecken, beweist sie, dass sogar eine 61 Jahre alte Seifenoper innovieren kann. Ihre Fähigkeit, Tradition mit Moderne zu verbinden, spiegelt ihre eigene Anpassungsfähigkeit wider.

Wenn ich über unser Gespräch nachdenke, bin ich nicht nur von Andys Erfolgen inspiriert, sondern auch von ihrem unerschütterlichen Optimismus und ihrem Engagement, jeden Tag zu nutzen. Während ich mich auf unser versprochenes Interview freue, wenn sie 100 Jahre alt wird, erinnert mich das an die Kraft, mutige Ziele zu setzen und mit Intention zu leben.

Andy Paige strebt nicht nur nach Langlebigkeit – sie gestaltet ein inspirierendes Vermächtnis, Jahr für Jahr – und Entscheidung für Entscheidung.

Staffel 9, Episode 16, On Air 10. November 2024
aufgezeichnet 23.9.24 New York, NY, US / Deutschland

Verbinde dich mit Andy: https://shophomeandheart.com/

Versprechen: Staffel 388, Episode 13
wird ausgestrahlt am 4. Juli 2070
aufgezeichnet bis zum 4.7.2070, wo immer wir dann sind!

5. WAS GUT FUNKTIONIERT HAT: SCHLÜSSELFAKTOREN

Wenn ich auf meine Podcast-Reise zurückblicke, wird deutlich, dass einige Schlüsselfaktoren zum Erfolg von Inspired Choice Today beigetragen haben. Von Beharrlichkeit und Intuition bis hin zur Kunst der Verbindung – diese Elemente haben nicht nur meinen Podcast geprägt, sondern mich auch als Person verändert. Lass mich dich durch die wichtigsten Erkenntnisse führen und zeigen, wie diese Lektionen auch deine eigene Reise leiten können.

Eine der bedeutendsten Lektionen war für mich die Bedeutung von Verbindung. Von Anfang an wollte ich, dass jede Episode die Expertise und die einzigartige Geschichte meiner Gäste hervorhebt. Ich wusste nicht, wie viele Gäste zusagen würden oder wie sich der Prozess entwickeln würde, aber ich folgte meiner Intuition – und die Ergebnisse waren beeindruckend. Von 555 geführten Interviews lehnten nur fünf potenzielle Gäste eine Einladung ab. Und selbst in diesen Fällen lernte ich, ihre Reaktion nicht mit meinem Ego zu verknüpfen.

Der Schlüssel? Authentisch aufzutreten – mit all meinen Unvollkommenheiten und Herausforderungen. Verletzlichkeit half mir, Vertrauen zu meinen Gästen und meinem Publikum aufzubauen. Es erinnerte mich daran, dass wir uns oft selbst durch einschränkende Glaubenssätze Barrieren schaffen und dass wir die Kraft haben, diese durch Selbstakzeptanz und Transformation abzubauen.

Feedback war ebenfalls ein entscheidender Teil meiner Reise. Nach einem unvergesslichen Interview schlug der Gast vor, dass wir uns gegenseitig Feedback zu unserer Leistung geben. Dieser Moment, obwohl selten, hinterließ einen bleibenden Eindruck. Er zeigte mir, wie wichtig es ist, konstruktives Feedback einzuholen und anzubieten, um zu wachsen.

Lustige und unerwartete Momente spielten ebenfalls eine Rolle. Einmal plante ich ein Interview mit einem Gast aus

Australien, doch eine völlig andere Person erschien. Meine anfängliche Verwirrung verwandelte sich schnell in eine wertvolle Lektion in Flexibilität und Gelassenheit. Es sind genau diese Momente des Loslassens – wenn wir zulassen, dass die Intuition den Prozess leitet –, die oft zu den lohnendsten Ergebnissen führen.

Das Erkennen von Meilensteinen war ein weiterer Schlüssel zu meinem Erfolg. Jeder Schritt außerhalb meiner Komfortzone – sei es, jemanden um ein Interview zu bitten, eine Episode aufzunehmen oder technische Herausforderungen zu meistern – war ein Grund zum Feiern. Diese Momente erinnern uns daran, wie weit wir gekommen sind, und geben uns die Motivation, weiterzumachen.

Jeder Erfolg beginnt im Kopf. Du triffst eine Entscheidung, handelst danach und schaust dann zurück auf das, was du erreicht hast. Es ist wichtig, sich selbst für den Mut und die Ausdauer anzuerkennen, die man aufbringt.

Eine der wertvollsten Lektionen, die ich gelernt habe, ist simpel, aber kraftvoll: Einfach fragen. Egal, ob es darum geht, ein Interview anzufragen, nach Feedback zu bitten oder Empfehlungen einzuholen – du verlierst nichts, wenn du fragst. Im schlimmsten Fall erhältst du ein „Nein", aber selbst das kann zu wertvollen Erkenntnissen führen.

Offen zu sein für Ratschläge und bereit zu sein, sich coachen zu lassen, hat mir ebenfalls sehr geholfen. Ich habe erfolgreiche Podcaster studiert, Strategien übernommen, die ich bewundert habe, und Napoleon Hills Konzept der synthetischen Vorstellungskraft angewandt – bestehende Ideen zu verbessern und auf meine Weise zu adaptieren.

Im Kern geht es beim Podcasting darum, das zu teilen, wofür man brennt. Ich ermutige dich, ein Thema zu finden, das dich begeistert – etwas, über das du tagelang sprechen könntest, ohne das Interesse zu verlieren.

6. DIE KUNST DES EINLADENS

Die Kunst, Menschen einzuladen, ist mehr als nur das Ansprechen oder Anschreiben auf Social Media; es ist eine transformative Reise, die im Inneren beginnt.

Wenn ich auf meinen Weg zurückblicke, wird mir bewusst, wie tiefgreifend mich dieser Prozess verändert hat – sowohl persönlich als auch beruflich. Als ich meinen Podcast startete, hatte ich keine Ahnung, wie ich potenzielle Gäste ansprechen sollte, geschweige denn, wie ich sie mit Selbstvertrauen und Klarheit einladen könnte. Aber wie bei allem im Leben kommt Wachstum durch Erfahrung.

Am Anfang wandte ich mich an mein bestehendes Netzwerk – Freunde, Kollegen und Bekannte, die ich auf meinem Weg in der Persönlichkeitsentwicklung getroffen hatte. Das fühlte sich natürlich an. Schließlich waren das Menschen, die ich bereits kannte und denen ich vertraute. Ihre überwältigend positiven Rückmeldungen gaben mir den anfänglichen Schwung, den ich brauchte. Es war ermutigend, immer wieder ein „Ja" zu hören, und so kamen die ersten 50 Episoden im Dezember 2023 innerhalb der ersten zwei Wochen mühelos zustande.

Doch dann kam die Herausforderung: über mein unmittelbares Netzwerk hinauszugehen. Menschen einzuladen, mit denen ich nie gesprochen hatte, die ich nie persönlich getroffen hatte und die ich oft nur über soziale Medien wie Facebook, Instagram, TikTok oder LinkedIn kannte, erforderte einen Vertrauenssprung. Ich formulierte eine einfache, herzliche Einladung mit der Frage: „Möchtest du mein nächster Gast im Inspired Podcast sein?" Zu diesem Zeitpunkt hatte ich noch keinen Katalog an Episoden vorzuweisen oder Rezensionen, die meine Glaubwürdigkeit stützten. Was ich anbot, war Vertrauen – Vertrauen in das Potenzial der Verbindung, Vertrauen in den Prozess und Vertrauen in den gegenseitigen Wert, den wir gemeinsam schaffen könnten.

Zu meiner Überraschung sagten viele Ja. Das lehrte mich eine wertvolle Lektion: Wenn du eine Einladung mit Aufrichtigkeit und Offenheit aussprichst, findet sie Resonanz. Natürlich gab es auch Momente der Ablehnung, und diese waren herausfordernd. Ich musste nach innen schauen und mich fragen: **„Wo bin ich nicht bereit zu empfangen? Wo lehne ich Einladungen in meinem eigenen Leben ab?"** Diese inneren Blockaden zu erkennen und anzugehen, half mir zu wachsen – nicht nur als Podcast-Host, sondern auch als Mensch. Und während ich mich veränderte, stieg die Häufigkeit der Zusagen.

Um meinen Prozess zu verfeinern, erkundete ich neue Wege, um potenzielle Gäste zu finden. Plattformen wie **Matchmaker.fm** und **Podmatch** wurden zu unverzichtbaren Werkzeugen. Diese Räume waren voller Menschen, die aktiv nach Podcast-Möglichkeiten suchten, was den Prozess reibungsloser und zielgerichteter machte. **Podmatch** fühlte sich dabei besonders wie ein Wendepunkt an – eine Community, in der sowohl Hosts als auch Gäste voll darauf ausgerichtet waren, bedeutungsvolle Gespräche zu schaffen.

Doch jenseits von Tools und Plattformen liegt die wahre Kraft des Einladens in den Verbindungen, die dadurch entstehen. Durch meinen Podcast habe ich das Prinzip des Masterminds in Aktion erlebt – die Idee, dass zwei oder mehr Köpfe zusammen etwas erschaffen können, das weit größer ist als die Summe ihrer Teile. Diese Gespräche haben nicht nur meinen Podcast bereichert, sondern auch mein Leben, und sie haben die Überzeugung gestärkt, dass Frieden und Veränderung im Inneren beginnen und nach außen strahlen.

Der Prozess, Gäste einzuladen, wurde mehr als nur eine organisatorische Aufgabe; es wurde zu einem Workshop für persönliches Wachstum. Das Ansprechen erforderte, dass ich mich meinen Ängsten vor Ablehnung stellte, den Echos von Kindheitserfahrungen, und der Verletzlichkeit, mich selbst nach außen zu öffnen. Doch jede Einladung stärkte meine Widerstandskraft, verfeinerte meine

Kommunikationsfähigkeiten und vertiefte meine Fähigkeit zur Verbindung.

Wenn ich jemanden, der in die Podcast-Welt oder irgendeine Form der Zusammenarbeit eintaucht, einen Ratschlag geben könnte, wäre es dieser: **Lerne die Kunst des Einladens zu meistern.** Fang klein an, mit Menschen, die du kennst, und erweitere deinen Radius, während dein Selbstvertrauen wächst. Verstehe, dass jedes „Nein" eine Chance zur Reflexion und zum Wachstum ist und kein persönliches Scheitern. Vertraue dem Prozess und erinnere dich daran, dass diese Reise genauso sehr um deine eigene Transformation geht wie um das Schaffen von wirkungsvollen Lektionen.

Am Ende geht es bei der Kunst, Menschen einzuladen, darum, jeden Tag Wachstum zu wählen, über die eigene Komfortzone hinauszugehen und sich den unendlichen Möglichkeiten zu öffnen, die Verbindungen mit sich bringen. Es ist eine Praxis, die du durch das Tun verfeinerst. Also fang einfach an. Sende die erste Einladung aus und lass die Reise beginnen. Und wenn du jemals Unterstützung oder Ermutigung brauchst, dann weißt du: **Ich bin hier, um dich zu unterstützen. Gemeinsam können wir etwas Außergewöhnliches schaffen.**

7. HINTER DEN KULISSEN VON PODCASTING

Podcasting war für mich eine Reise voller Intuition, Organisation und Selbstentdeckung.

Der Prozess beginnt mit einer einfachen, aber tiefgründigen Frage: Wie kann ich meinen Gast und das Publikum am besten unterstützen? Die Vorbereitung auf jede Episode dreht sich weniger um starre Skripte und vielmehr darum, sich auf die Energie des Gastes einzustimmen. Ich frage mich, was dieser Mensch gerade braucht, und lasse mich von meiner Intuition leiten, um den richtigen Ansatz zu finden.

In der Praxis konzentriert sich die Vorbereitung auf eine kurze Biografie des Gastes und ein paar gut durchdachte Fragen. Dabei nutze ich Tools wie ChatGPT, um diese Biografien zu verfeinern und gezielte Fragen zu generieren, wodurch der Prozess effizient und individuell bleibt. Das Zeitmanagement spielt dabei eine zentrale Rolle. Ich habe mir feste Podcast-Tage eingerichtet – beispielsweise dienstags und donnerstags – und optimiere die Zeitfenster, um internationale Gäste unter Berücksichtigung meiner Zeitzone in Europa einladen zu können.

Die Achtsamkeit gegenüber verschiedenen Zeitzonen ist entscheidend, vor allem wenn man mit einem weltweiten Publikum arbeitet. Ebenso wichtig ist Flexibilität. Gäste können absagen oder verschieben, und Pläne ändern sich oft spontan. Das gehört einfach dazu, und mit der Zeit entwickelt man eine gewisse Gelassenheit im Umgang damit.

Auf der Seite der Nachbearbeitung war die Automatisierung ein echter Gamechanger. Der Wechsel zu Plattformen wie PodcastAI hat den Bearbeitungs- und Veröffentlichungsprozess erheblich vereinfacht und den Arbeitsaufwand reduziert. Diese Innovation ermöglicht es mir, mich stärker auf die kreativen Aspekte zu konzentrieren und weniger auf technische Hürden. Dennoch empfehle ich, in solche Tools erst dann zu investieren, wenn dein Podcast zu einem nachhaltigen Projekt geworden ist. Starte einfach, investiere deine Einnahmen klug und erweitere deine Tools erst, wenn es mit deiner Vision übereinstimmt.

Das Balancieren der Arbeitslast hat sich für mich nie wie eine Herausforderung angefühlt. Podcasting passt einfach natürlich zu mir – es ist ein freudiger Ausdruck meiner Leidenschaft für Verbindung und Storytelling. Es fühlt sich nicht wie Arbeit an, weil ich es voll und ganz angenommen habe. Aus der Komfortzone zu treten, ist für mich zur zweiten Natur geworden, und jede Episode fühlt sich an wie ein weiterer Schritt zur Meisterschaft.

Das Wichtigste, was ich gelernt habe, ist, dass ein Podcast immer die Persönlichkeit seines Erstellers widerspiegelt. Du setzt die Regeln, den Ton und die Vision. Du bist der Star auf deiner eigenen Bühne, und du bestimmst, wie du mit deinem Publikum und deinen Gästen interagierst. Durch klare Standards und Grenzen schaffst du einen Raum, der deine einzigartige Stimme repräsentiert.

Hinter den Kulissen bedeutet Podcasting Vorbereitung, Vertrauen und Wachstum. Aber es bedeutet auch Freude – Geschichten zu teilen, sich mit inspirierenden Menschen zu verbinden und etwas Sinnvolles für sich selbst und andere zu erschaffen. Es ist deine Plattform, deine Regeln, deine Stimme. Und genau das macht die Schönheit des Podcastings aus.

Den eigenen Podcast zu starten, ist ein transformierender Schritt, der mit einer einfachen, aber essenziellen Entscheidung beginnt: Was soll Podcasting für dich sein? Ist es ein Hobby, eine potenzielle Karriere oder eine Plattform, um deine Stimme mit der Welt zu teilen? Sobald du diese Entscheidung getroffen hast, werden Verpflichtung und Zielsetzung zu deinen Leitprinzipien. Setze dir erreichbare Ziele, wie zum Beispiel eine bestimmte Anzahl an Episoden aufzunehmen oder regelmäßig Gäste einzuladen. Dies fördert Selbstdisziplin und stärkt dein Selbstvertrauen, da du dir selbst gegebene Versprechen einhältst.

Eine der tiefgreifendsten Erkenntnisse, die du machen kannst, ist, dass deine Stimme wichtig ist. Viele unterschätzen ihre einzigartigen Gaben und Talente – eine Kombination aus Erfahrungen und Fähigkeiten, die nur sie besitzen. Diese Gaben zu teilen, ist nicht nur ein persönliches Vorhaben; es ist ein Beitrag zur Welt, eine Möglichkeit, der Gesellschaft etwas zurückzugeben, nachdem man selbst von anderen inspiriert wurde. Diese Erkenntnis bringt eine Verantwortung mit sich: zu handeln, zu teilen und andere zu inspirieren.

Für alle, die gerade erst anfangen, gilt: Genieße den Spaß und die Neugier an der Erkundung des neuen Spielfeldes.
Wenn du Unterstützung brauchst, suche dir Hilfe. Es gibt keinen Grund, sich zu schämen, Fragen zu stellen oder unterwegs dazuzulernen – jeder fängt irgendwann einmal an. Das Wichtigste ist, dass du überhaupt anfängst. Ohne es zu versuchen, wirst du nie wissen, ob Podcasting etwas für dich ist. Den ersten Schritt zu machen, beantwortet nicht nur diese Frage, sondern bewahrt dich auch vor zukünftigem Bedauern über verpasste Chancen.

Wie bei jedem neuen Vorhaben wirst du auf Herausforderungen stoßen – insbesondere auf die Angst vor Ablehnung oder Kritik. Diese Ängste zu überwinden beginnt mit einem Perspektivwechsel: Was andere über dich denken, ist nicht dein Business.

Die einzige Meinung über dich, die wirklich zählt, ist deine eigene. Du wirst vielleicht ins Stocken geraten oder nach den richtigen Worten suchen, und das ist in Ordnung. Authentizität strahlt heller als Perfektion. Podcasting ist eine Reise des Wachstums und der Selbstverbesserung, und jeder Fehltritt bringt dich einen Schritt weiter.

Deine Stimme hat eine einzigartige Wirkung und zieht Menschen an, die sich mit deinem Weg identifizieren. Oft spiegeln diese Hörer dein früheres Selbst wider – sie suchen die Orientierung oder Inspiration, die du jetzt bieten kannst. Indem du diesen einen mutigen Schritt machst, positionierst du dich einen Schritt voraus, bereit, den Weg für andere zu beleuchten. Dieser Dominoeffekt von Mut und Verbindung ist der Weg, wie du einen bleibenden Eindruck hinterlässt.

Während du die Welt des Podcastings erkundest, betrachte sie als Raum zum Improvisieren, Verbessern und Inspirieren. Konzentriere dich auf das Positive und vermeide es, Probleme in den Mittelpunkt zu stellen, denn Negativität zieht die falsche Energie und das falsche Publikum an. Stattdessen solltest du Mut und Wachstum verkörpern und zu einem Leuchtturm für andere werden, um ihren nächsten Schritt zu machen.

Dein Podcast ist mehr als eine Plattform; er ist ein Gefäß der Transformation – für dich selbst und für deine Zuhörer*innen. Gehe diesen neuen Weg mit Vertrauen und Entschlossenheit an, in dem Wissen, dass jede Episode ein Beitrag zu dem Licht ist, das du in die Welt bringst.

Wenn ich nach vorne blicke, finde ich mich oft in Gedanken an dieses bemerkenswerte erste Podcast-Jahr und die unzähligen Verbindungen, die es in mein Leben gebracht hat. Würdest Du mich fragen, ob es sich gelohnt hat? Meine Antwort wäre ein eindeutiges Ja. Jeder einzelne Tag, den ich mit der Vorbereitung, dem Aufnehmen und dem Kontaktieren von Gästen verbracht habe, war eine Reise voller tiefer Verbindungen. Ich habe Beziehungen aufgebaut wie nie zuvor und mein Adressbuch mit über tausend neuen Kontakten gefüllt – ein Beweis für das neue Leben, das ich durch die Kunst der Verbindung gefunden habe.

Mit dem Ziel, 1.111 Episoden zu erreichen, habe ich bereits mehr als die Hälfte geschafft. Jedes erreichte Etappenziel erinnert mich daran, dass dies erst der Anfang ist. Inspiriert von Vorbildern wie den Hosts von Next Level University, die in nur sechs Jahren fast 2.000 Episoden aufgenommen haben, wage ich es, noch größer zu träumen. Auch wenn ich meine eigenen 1.111 Episoden vielleicht in zwei Jahren erreiche, erkenne ich, dass es um weit mehr geht als nur Zahlen – es geht darum, meiner inneren Stimme zuzuhören und dem zu folgen, wohin sie mich führt.

Während ich auf das zweite Jahr blicke, bleiben meine Ziele ehrgeizig und gleichzeitig von Leidenschaft getragen. Mein Plan ist es, mindestens so viele Interviews wie 2024 aufzunehmen – vielleicht sogar mehr – und die Wirkung meiner Arbeit weiter zu vertiefen. Über den Podcast hinaus sehe ich eine Buchreihe, die diese Reise dokumentiert. Dieses erste Buch ist nur der Anfang der Inspired Choice Chronicles, und wer weiß, welche Gelegenheiten noch auf mich warten?

Vielleicht gehe ich eines Tages auf die Bühne und feile an meinen Fähigkeiten als Speaker, um vor größerem Publikum zu sprechen. Oder ich wage mich in den Bereich des Journalismus, führe persönliche Interviews mit Stars, Musikern oder ganz normalen Menschen auf der Straße. Der Traum, meine eigene Radioshow zu moderieren, bleibt bestehen – eine spielerische, aber zugleich reizvolle Idee, die meine Fantasie beflügelt. Zeitrahmen sind mir dabei nicht wichtig. Ob es einen Monat, ein Jahr oder zwanzig Jahre dauert – solange die Leidenschaft da ist, bleibt auch mein Engagement.

Wenn ich nach vorne schaue, sehe ich Momente des Feierns – Momente, um die Errungenschaften dieser Reise zu würdigen, um bei Live-Events zusammenzukommen und Podiumsdiskussionen zu veranstalten, die Botschaften verstärken. Ich sehe mich darin, anderen dabei zu helfen, ihre eigene Unsterblichkeit durch Podcasts und Bücher zu erschaffen, sie zu ermutigen, Einfachheit zu umarmen und gleichzeitig große Wirkung zu erzielen. Mit bescheidenen Werkzeugen und unerschütterlicher Leidenschaft kann jeder sein Licht in die Welt tragen und andere dazu inspirieren, ihre Träume zu leben.

Band 2 dieser Reise verspricht noch mehr Möglichkeiten zur Zusammenarbeit. Ich freue mich darauf, andere einzuladen, Teil der Geschichte zu werden und ihren Beitrag zu den Inspired Choice Chronicles zu leisten. Es geht darum, nicht nur meine Reise zu feiern, sondern die kollektive Kraft von Verbindung, Kreativität und gemeinsamem Zweck.

Hier stehe ich nun, stolz auf dieses erste Buch dieser Reihe und die Abenteuer, die es repräsentiert. An alle Leser:innen möchte ich sagen: Meldet euch! Lasst uns ins Gespräch kommen, etwas Sinnvolles gemeinsam aufbauen und sehen, wohin uns diese Reise noch führt. Danke, dass ihr Teil davon seid – ich kann es kaum erwarten, dieses unglaubliche Abenteuer weiterhin mit euch zu teilen.

Und übrigens, die Warteliste für Band 2 ist bereits geöffnet. Zögert nicht – trefft eure Entscheidung heute!

10. RESSOURCEN UND INSPIRIERENDE ZITATE

Ressourcen für deinen Podcast Start (kostenlos)*

Spotify for Creators: freie Hosting-Plattform und Verteilung
https://creators.spotify.com/

BeeKonnected: 60 Minuten kostenlos per Meeting
www.bit.ly/bkbillionaire

Calendly: Terminvereinbarung mit Podcast-Gästen
www.calendly.com

Ressourcen für Fortgeschrittene (kostenpflichtig)*

PodMatch: Finde deine perfekten Podcast-Gäste
https://bit.ly/podmatchinspires

PodcastAI.com: Hosting-Plattform mit allem Komfort
https://podcastai.com/

ModernIQs: Kreiere Blog-Artikel für deine Webseite
https://moderniqs.com/create-an-account/?res_aff=inspiredchoicetoday

---

* Manche Links sind Affiliate Links, die die Arbeit von INSPIRED CHOICE TODAY unterstützen. Dankeschön!

Geteilte Weisheiten: Inspirierende Worte von Gästen

„Sei im Hier und Jetzt." – The Amazing Soul

„Wiederholung bedeutet nicht, immer wieder zu lesen, sondern es zu nutzen." – Troy R. Chadwick

„Sei die beste Version deiner selbst – genau hier, genau jetzt – und sei dir dessen stets bewusst." – Brian Proctor

„Wenn du zu mir kommst, bedeutet das, dass du Unterstützung brauchst. Und ich bin deine Unterstützung." – Shawnti Refuge

„Menschen mögen es nicht, wenn man ihnen etwas verkauft– aber sie lieben es zu kaufen." – Jeffrey Gitomer

„Wenn dein Jetzt vor fünf Minuten nicht gut war, fang einfach neu an. Starte erneut." – Brian Hite

„Mein Erfolg ist absolut garantiert." – Laura Lee Kenny

„Wenn dir ein Öl nicht gefällt, dann brauchst du es." – Martina Wagner

„Ich habe die wahre Bedeutung von Liebe gefunden." – Creg Effs

„Ohne Verbindung – wie können wir da wachsen?" – Cherrian A. Chin

„Wir müssen darüber sprechen." – Annie Boon

„Unser Stil sollte sich ebenfalls weiterentwickeln." – Andy Paige

11. DANKSAGUNG

Dieses Kapitel widme ich all jenen, die Teil dieser unglaublichen Reise waren – den Gästen, Zuhörerinnen und Unterstützerinnen, die The Inspired Choice Today nicht nur zu einem Podcast, sondern zu einem lebensverändernden Erlebnis gemacht haben. Über einen Zeitraum von 365 Tagen habe ich 555 Episoden aufgenommen. Diese Reise war nichts weniger als außergewöhnlich – voller unvergesslicher Momente, herzlicher Gespräche und der Unterstützung einer Community, die mich jeden Tag aufs Neue inspiriert.

An meine Gäste:
Vielen Dank, dass ihr eure Geschichten, euer Wissen und eure Einblicke geteilt habt. Gemeinsam haben wir etwas wirklich Besonderes geschaffen. Von Momenten des Lachens bis hin zu Tränen haben wir Verbindungen aufgebaut, die weit über das Mikrofon hinausgehen. Ihr seid das Herzstück dieses Podcasts, und eure Bereitschaft, eure Wahrheit zu teilen, ist ein Geschenk für mich und alle Zuhörer*innen.

An meine Zuhörer*innen:
Ihr seid das Fundament dieser Arbeit. Zu wissen, dass jede Episode jemanden da draußen erreicht und bewegt, hat meinen Weg angetrieben. Ihr seid der Grund, warum ich weitergemacht habe – selbst dann, wenn der Weg herausfordernd war. Eure Nachrichten, euer Feedback und eure Geschichten darüber, wie dieser Podcast euch inspiriert hat, eure eigenen Reisen zu starten, bedeuten mir die Welt. Das hier ist für euch – danke, dass ihr da seid, zuhört und mich ermutigt habt, weiterzumachen.

An meine Unterstützer*innen:
Diejenigen hinter den Kulissen, die mich angefeuert, Feedback gegeben und mich aufgerichtet haben – ich sehe euch. Ihr wart meine Säulen, die mir die Kraft gegeben haben, konsequent zu bleiben, jeden Tag Episoden zu veröffentlichen und mich ständig zu verbessern. Eure Ermutigung hat mich

immer wieder daran erinnert, dass diese Arbeit einem höheren Zweck dient. Dafür bin ich euch unendlich dankbar.

Diese Reise ist noch lange nicht vorbei. Ich verspreche euch: Es wird ein zweites Jahr geben. Es wird mehr Episoden geben – 55, 555, sogar 1.111 Episoden. Die Arbeit geht weiter, denn die Botschaft ist wichtig, und gemeinsam bauen wir etwas Außergewöhnliches auf.

An alle, die noch nicht mit ihrer eigenen Podcast-Reise begonnen haben:
Ich möchte euch ermutigen: Startet heute. Ihr müsst nicht perfekt sein, um zu beginnen. Jeder hat eine Botschaft, die es wert ist, gehört zu werden. Glaubt mir – die Welt wartet auf eure Stimme.

Zum Schluss ein großes Dankeschön an die fast 10.000 Menschen, die diesen Podcast auf allen Plattformen unterstützt haben und zu den tausenden monatlichen Hörer*innen beitragen. Ich bin zutiefst dankbar und demütig für euer Vertrauen, eure Ermutigung und eure Unterstützung.

Das ist erst der Anfang.
Ich wachse weiter, höre zu, poste, veröffentliche – und gehe meinen Weg. Gemeinsam sind wir nicht aufzuhalten. Danke, dass ihr Teil dieser Reise seid – ich freue mich auf das nächste Kapitel und natürlich auf das nächste Buch.

In Dankbarkeit,
Caroline

12. ÜBER DIE AUTORIN

Caroline Biesalski ist eine wegweisende Inspired Choice Beraterin und Gastgeberin des beliebten Podcasts "Inspired Choice Today", der auf Listen Notes zu den Top 5 % der Podcasts weltweit zählt. Ihre Reise ist ein lebendiges Beispiel für die transformative Kraft von Mut, Ausdauer und Intuition. Einst als schüchtern und introvertiert abgestempelt, überwand Caroline soziale Ängste und Selbstzweifel, um eine Plattform zu schaffen, die Menschen weltweit inspiriert, ihr volles Potenzial auszuschöpfen.

Carolines Leidenschaft, andere zu ermutigen, entspringt ihren eigenen Lebenserfahrungen. Nach Jahren in der Buchhaltung und im eigenen Unternehmen entdeckte sie ihren Kindheitstraum wieder – eine eigene Show zu moderieren. Dieser Traum, der tief in ihrer Liebe zum Geschichtenerzählen und zur menschlichen Verbindung verwurzelt ist, wurde zur Realität, als sie "Inspired Choice Today" ins Leben rief. Über ihren Podcast hat Caroline bereits hunderte von Gästen interviewt und teilt deren Weisheiten und Erfahrungen, um ihre Zuhörer*innen zu ermutigen, sinnstiftende Entscheidungen fürs Leben zu treffen.

Als Inspired Choice Coach hilft Caroline Menschen dabei, selbstlimitierende Überzeugungen aufzulösen, sich mit ihrem authentischen Selbst zu verbinden und konkrete Schritte in Richtung ihrer Träume zu gehen. Sie kombiniert praktische Strategien mit intuitiver Führung und schafft so einen einzigartigen Ansatz, der bei ihren Klientinnen und Zuhörerinnen tiefen Anklang findet.

Carolines Arbeit ist stark beeinflusst von den Prinzipien aus Bob Proctors "Thinking into Results", Napoleon Hills "Denke nach und werde reich" und ihren eigenen Erfahrungen. Ihre Fähigkeit, Menschen aus den unterschiedlichsten Lebensbereichen zu erreichen, gepaart mit ihrer authentischen und nahbaren Erzählweise, macht sie zu einer gefragten Moderatorin, Mentorin und Beraterin.

Heute inspiriert Caroline weiterhin durch ihren Podcast, ihre Coachings und ihre Texte. Ihre Mission ist einfach, aber kraftvoll: Menschen dabei zu helfen, die Macht ihrer Entscheidungen zu erkennen, ihre Einzigartigkeit zu umarmen und ein Leben voller Sinn und Erfüllung zu gestalten.

Caroline lebt nach dem Motto: „Jede große Reise beginnt mit einer inspirierten Entscheidung" – und lädt dich ein, deine Reise heute zu beginnen.

Das ist erst der Anfang.

- STARTE JETZT –

WAHL

Authentische Geschichten, überraschende Lektionen und praktische Erkenntnisse für Anfänger, die dich dazu befähigen, wirkungsvolle Entscheidungen sowohl für dein persönliches als auch berufliches Leben zu treffen.

Inspired Choice Today Podcast anhören:

www.podcast.inspiredchoice.today

Wähle deine Plattform: Apple Podcasts, Spotify, YouTube

Nutze den AI-Chat, um Antworten zu Gästen und Themen zu erhalten.
Werde ein inspirierender Interviewgast – bewirb dich hier.

https://www.podmatch.com/hostdetailpreview/inspiredchoice

oder sende eine E-Mail an: interview@inspiredchoice.today für Anfragen, Feedback oder weitere Informationen zu THE INSPIRED CHOICE COACHING mit Caroline Biesalski

Wir sehen uns im nächsten Kapitel deines Lebens!

Deine
Caroline Biesalski
Inspired Choice Coach & Podcast-Moderatorin